까르페모리

Carpemori

"이 책은 안단테로 읽어 주세요."

까르페모리Carpemori

초판 1쇄 발행 2022년 12월 1일

지은이 박필우 **펴낸이** 김언경 **펴낸곳** 홍익출판사 **편집** 조영성 **표지디자인** 정희욱
주소 대구광역시 중구 명륜로23길 38-4
전화 (053) 421-6700, 427-3627 **팩스** (053) 423-5965
E-mail hongick88@hanmail.net

글꼴(폰트)는 (사)세종대왕기념사업회에서 개발한 문체부체와 한글과 컴퓨터에서 개발한 함초롬체를 사용하였습니다

정 가 15,500원
ISBN 978-89-7826-308-5(03800)

'Carpe diem', 'Memento mori'

박필우 잡문집

홍익출판

머리말

아버지를 닮아간다. 피곤한 저녁이나 술 마신 다음 날 아침이면 거울 속에서 내 어린 시절 아버지가 슬픈 표정으로 바라보고 있다. 게슴츠레한 눈, 머리카락은 물론 터럭까지 점령해버린 서리, 속살이 보이는 정수리를 바라보다 부질없이 하세월을 보낸 과거가 떠올라 몸서리친다.

천장이 꺼질 듯 반복되는 한탄의 나날들에 스스로도 질렸다. 무엇 하나 이룬 것 없음에도, 이보다 더 나쁜 일 없어서 다행이라고 자탄한 세월이 그야말로 쪽팔리기 짝이 없다. 불행했던 과거뿐이건만 꿈에서조차 어르고 달래는 한심한 인간을 보면서 이젠 위로하기도 지쳤다.

믿음이 없는 자는 외롭거나 혹은 자유롭다. 자유는 고정된 생각의 빗장을 활짝 열어야 가능한 법, 불행하게도 외로움을 이기지 못했다. 이보다 스스로 연약함을 드러낸 행위가 또 있을까. 돌이켜보면 불완전한 인간이 완전하지 않은 일들을 경험하면서 종교에 기웃대고 신에게 빌붙어 뭔가를 얻으려 했다.

삶은 그냥 살아가는 것이지 완전히 이해하려거나 애써 설명할 필요가 없다는 것을 아는 데 너무 오랜 세월이 걸렸다. 단언컨대 신은 인간의 가슴팍이나 등짝에 매달리거나 빌붙어서 살아가는 존재다. 그런 따위의 신에 의탁해 안위를 찾고 넌지시 복을 빌었던 지난날을 비웃는다. 설사 사후세계, 천당이나 극락이 존재하더라도 어차피 떨어질 곳은 지옥일진대 앞서 걱정할 까닭이 없지 않은가. 현생자유를 위한 필사적 필연적 선택이다.

그럼에도 불구하고 현실에서 묵직한 과제가 시도 때도

없이 괴롭힌다. 범부인 탓에 미움을 사랑으로 승화한다는 것은 애초에 불가능하다. 그러나 살아오면서 가슴에 얼기설기 쌓아놓은 갈등과 분노와 잠재적 폭력의 얼개들을 삭혀야 하는 일은 도전해볼 만하다. 각질 벗겨질 듯한 피부, 골이 깊어진 얼굴을 하고서 하등 의미 없다고 해도, 지금이 그때라 자위한다. 얼마가 남았던 지금처럼 의미 없는 밤이 이어질 것이고, 존재 가치를 잃은 채 구석을 찾아 뒹구는 낙엽처럼 시시껄렁한 날들이 남은 정력을 앗아가더라도 내 삶에 시시때때 표출되던 증오를 감추리라.

시나브로 나이가 들면서 꽃이란 놈은 안개 속에서 피어나기 시작했고, 어느 날부터 귀에서는 징 소리, 갈대 스치는 바람 소리, 쇳소리 섞인 노랫가락 울리는데, 조락을 앞둔 삶에서 필사적 발버둥은 그 의미를 잃었다. 더불어 오감도 다투어 둔화되어 가는데, 행운만 따라준다면 청춘의 가면 벗어던진 본모습을 찾을 수 있을지 모를 일이다.

거부할 수 없는 운명의 자석에 딸려가더라도 나만의 춤사위를 잊지 않으리. 그리운 것 대부분 세상에 없으니 애절할 일 없고, 봄날에 피는 꽃보다 가을 낙엽이 더 아름답게 보이는 것은 세월에 에너지가 고갈되면서 시작된 것이리라.

고백건대 살아갈 용기는커녕 단박에 죽을 용기도 없다. 그러나 다행인 것은 여전히 아이들 새된 소리에 귀가 열리고, 황혼의 황홀함에도 넋을 놓고, 커피숍 구석에 걸린 진주귀걸이 소녀 눈망울에 눈길을 빼앗기는 싸구려 감성이 들숨날숨을 위로한다. 이는 아주 천천히 자살을 선택하듯 길고 가늘게 살아가기 위한 자성 능력이다.

서산머리 붉은 해는 황혼녘에 들불을 지른다. 황홀한 노을 바라보며 문득 갈 때를 떠올린다. 남은 소원 한 줄 있다면, 허세 부리듯 헛기침 날리는 일 없이, 간혹 실수로 포장한 여유나 부렸으면 좋으련만….

*

부끄러움을 무릅쓰고 또 하나를 세상에 내민다. '심행수묵' 이후 다시는 그런 따위의 글을 쓰지 않겠노라 다짐했지만, 여전히 같은 글을 두드리고 있음을 알고 좌절을 맛보았다. 능력의 한계이거나 문학적 진실성이 부족해 지난 글에 덧칠하는 기분을 부정하지 않는다.

변명하자면 심정적 장애다. 입만 살아서 따불따불, 알맹이나 실체도 없는 주제를 끌어안은 채 내 방식대로 춤추듯 걷겠다고 자판을 두드리며 객기를 부린 까닭이다. 허접한 장애물 하나 헤쳐 갈 용기조차 없으면서, 번지르르 기름기에서 짜낸 땀방울을 인내의 열매라 자화자찬하는 가련한 모습을 보았다.

삶 앞에서는 겸손해야 한다는 사실을 오랜 세월이 지나서야 깨달았다. 과거는 돌이킬 수 없는 엎질러진 물, 염치없지만 독자들께 용기와 격려를 바란다. 읽히지도 않을 책을 낸다는 것은 환경파괴범이 될 입장이지만, 여전한 미련이 희망의 싹을 틔우고 있어서다. 따라서 비난이 아니라 건전한 비판과 거침없는 애정어린 질타가 보약으로 스며들 수 있기를 기대한다.

기꺼이 책을 출판해준 홍익출판 김언경 대표께 감사드리며, 바쁜 시간에도 편집과 표지 디자인을 멋지게 해준 조영성, 정희욱 두 띠동갑에게도 고마움을 전한다.

까르페디엠 메멘토모리.

1부 / 과거진행형 쉼

2부 / 현재진행형 까르페모리

3부 / 미래진행형 역사 따라 길을 걷다

1

과거진행형

사랑을 맛보다

잘 먹는다. 우걱우걱 씹고, 후루룩 빨아들인다. 떡두꺼비 파리 감추듯, 마파람에 게 눈 감추듯 먹어 치운다. 텔레비전 일명 '먹방' 프로에 눈을 떼지 못하고 있다. 그러다 예기치 못하게 추억이 호출당하는 경우가 있다. 아득히 먼 곳에 존재했던 옛 맛이 소환된 터였다.

화면 가득 가마솥에 시래기가 뽀얀 김을 올리며 익어가고 있다. 시래기 고등어조림을 보며 어머니를 떠올린다. 소복소복 밤새 소리 없이 눈이라도 내린 날이면 생일날 아침처럼 은근히 설랬다. 부엌에 들어가 가마솥이 걸린 아궁이에 왕겨를 움켜 넣고 풍로 돌리기를 자처했다. 몸도 따뜻하거니와 어머니가 음식 만드는 모습을 볼 수 있어서다. 시래기 고등어조림이 익어가는 냄새에 머리를 주억대며 부엌을 훔쳐보던 아버지 주름진 얼굴이 영상이 되어 살아난다. 이불을 개고 방 청소하던 누나의 볼멘소리와 어머니 잔소리가 화음을 이루며 한 편의 파노라마가 되어 속절없이 가슴에 파고든다.

고등어조림의 달고 짭짤한 맛, 양념이 잘 밴 시래기는 꽁보리밥을 천하에 둘도 없는 진미로 만들어 주었다. 지금도 생선조림 양념장을 만들 때면 어김없이 아랫입술을 살짝 베어 문 어머니 영상이 재생된다.

돌이켜보면 저마다의 음식에 사연이 묻어 파문을 일으키곤 한다. 부드럽고 포슬포슬한 감자에는 남모를 아픔이 있다. 감당하지 못할 더위를 예고하듯 아침 해가 사정없이 떠오르던 날이었다. 채소벌이를 하던 어머니는 새벽 일찍 오일장을 찾아 떠난 날이었을 법했다. 어머니 대신 누나가 아침밥을 챙겼다. 그날따라 감자가 반이 들어간 보리밥에 감자볶음, 감잣국이 상에 올라왔다. 철없는 남동생의 매몰찬 투정은 누나 눈을 마르지 않는 샘으로 만들었다. 누나 기억 속 존재 여부는 알 수 없지만, 지워지지 않은 영상 하나가 감자밥을 가난했던 시절의 메타포로 만들어버렸다.

삼치구이 양념장을 만들 때마다 형수의 애틋한 온기가 느껴진다. 양파, 호박, 당근, 대파를 잘게 썰 때 도마소리가 경쾌했다. 간장과 설탕, 다진 마늘과 후

추, 참기름을 넣고 잘 섞어 준비해둔 채소와 버무린다. 달군 팬에 식용유를 두르고 손질한 삼치를 가지런히 올리고 버무린 양념장을 골고루 끼얹어 중불에 익혔다. 삼치가 양념에 익어가면서 내는 달고 깊은 간장 향에 형수의 오만가지 정성과 미래에 대한 꿈이 짙게 배여 있었다. 간이 골고루 배어들게 한 번씩 끓는 양념을 숟가락으로 떠서 삼치 위에 뿌리는 것도 잊지 않았다. 이런저런 지난한 삶터에 몸을 담근 그녀로서 행복을 꿈꾸는 의식이지 않았을까. 양념을 달달 긁어 남은 밥을 비벼서 먹을 때 고인이 된 형이 아른댄다.

유난히 면 요리를 좋아하는 까닭은 어머니가 길들인 것이다. 밀가루를 차지게 반죽한 후 홍두깨에 밀가루 옷을 입힌 뒤, 안반 위에서 요술을 부리면 점차 반죽이 얇게 펴지면서 면발도 늘어났다. 그렇게 해서 식구들 저녁 한 끼를 해결할 수 있었다. 푸성귀 가득 들어간 칼국수에 양념장을 살짝 올려 후후 불어가며 먹을 때 면발은 어떤 식감보다 비교할 수 없이 맛있다. 어머니 나이가 되면서 칼국수를 앞에 두면 어머니 갈라진 손가락 끝이 향수를 부르는 고명이 된다.

식은 밥 한 그릇으로 식구가 배불리 먹는 방법도

있었다. 큰 냄비에 콩나물 한두 주먹 넣고 김치 잘게 썰어서 남은 밥과 함께 끓인다. 냄비 가장자리에 희망이 부풀 듯 거품이 일며 팔팔 끓기 시작하면 밀가루 수제비 얇게 떠 넣고 한소끔 더 끓였다. 누나들은 '꿀꿀이죽'이라고 불렀지만, 일명 경상도 갱시기의 완성이다. 반상에 둘러앉아 정신없이 먹다 보면 이마에 땀이 송골송골 맺힌다. 포만감이 사라지기 전에 서둘러 이불을 펴고 잠을 청해야 했다. 대부분 겨울철 저녁은 이렇게 해결했다. 요즘에야 술 마신 다음 날 이만한 것이 또 있을까 싶다. 가시지 않은 술기운에 동공 풀린 눈이지만 머리에 수건을 두른 어머니가 걱정스러운 눈길로 바라보고 있다.

쇠고기 육회를 입에 넣을 때마다 아버지와 어머니가 교대로 떠오른다. 제법 큰 일거리가 들어온 날이었을 것이다. 어머니 손도 덩달아 신명을 탔다. 고기를 썰던 주름진 어머니 손등이 생생하다. 두꺼운 칼에 썰려나가던 빨간 육질이 세상에서 가장 맛있는 색이다. 갖은 양념을 섞어 마지막으로 참기름을 뿌렸을 때 퍼지는 향기는 가난한 기억을 지우고도 남았다. 안방 개다리소반 위에 따끈하게 덥힌 청주가 식어가는 몸을 안타까워하며 기다리고 있었다. 양반다리를 한 채 군침을 삼키던 아버지 후두돌기가 유난히 솟은 모습으로 보아 생애 가장 더디게 흐른 시간이었을 법하다. 젓가락으로 육회 몇 가닥 집어 입을 동그랗게 벌린 채 넣어주던 아버지처럼, 아들에게 똑같이 하고 있다.

부뚜막에 앉아 모처럼 하얀 쌀밥과 함께 냄비 채 먹던 두부조림은 미래를 약속받던 음식이었다. 어느 봄날 토요일 오후, 학교에서 허겁지겁 돌아왔을 때 꽉 들어찬 손님들로 분주하던 집은 마치 잔칫날 같았다. 가업이 출판이라 온 식구가 달려들어 어려운 일을 끝내고 결과물에 대한 칭찬이 아버지 어깨에 금빛 가루를 내려앉게 했다. 분주하게 움직이는 어머니 발그레한 얼굴에도 희망이 깔려 있었다. 지금도 두부조림을 만들 때면 돌아가신 어머니가 뒤에서 요령을 알려준다. 냄비 바닥에 다시마를 넓게 깔고 무를 평평하게 썰어 올린 후 그 위에 다시멸치를 아끼지 않고 넣은 다음 두부를 두툼하게 펼친다. 미리 만들어둔 양념장을 골고루 넣고 자작하게 조려내면 맛있다는 아이들 말이 메아리가 되어 먼지 쌓인 앨범을 펼치게 한다.

음식을 만들거나 맛볼 때 시리거나 따뜻한 기억이 소환되곤 한다. 깨진 유리 조각을 통해 해를 바라보던 유년의 아롱진 추억을 떠올리면 군침이 돈다. 오랜 세월이 지났지만 어떤 음식은 한 입 떠 넣을 때마다 누군가 옆에 있는 듯 느낀다. 입에 착 달라붙는 된장찌개의 깊은 맛, 속이 따뜻해지는 김치찌개의 감칠맛, 정이 담긴 안동식혜, 시원하면서 곰삭은 동치미, 비 오던 날 먹던 배추 부침전은 늘 어머니 아버지를 불러내곤 한다.

삶이 잃어버린 것의 목록이라면, 그중 대부분이 사랑하는 것들이다. 다행히 음식 하나에도 사랑하는 사람이 담겨 있다. 사랑을 맛보게 해준 음식이 삶의 원천이자 생명이란 뜻이다. 비록 소박할지라도 행복은 어김없이 대물림 된다. 시장에서 내게 말을 걸어오는 두부 한 모와 콩나물 한 봉지를 산다. 뭘 만들지는 아직 생각하지 못했다. 어머니라면 어떡했을까.

햇빛을 보는 게 달콤해요

호메로스가 쓴 《일리아스》에 나오는 글이다.

트로이와 전쟁을 일으킨 그리스 연합군 총사령관 아가멤논이 미케네 왕이었다. 아가멤논의 동생이자 스파르타 왕 메넬라오스 아내 헬레나가 트로이 왕자 파리스에게 납치되면서 전쟁의 불씨가 된다.

아가멤논이 트로이 원정과 관련된 신화가 있다.

아가멤논은 명궁이었다. 어느 날 사냥을 하면서

"사냥의 신 아르테미스도 나보다 못할 것이다"

라고 입방정을 떨어 아르테미스 노여움을 사고 만다.

드디어 트로이 정벌을 떠나는 날이었다. 그리스 바다에 정박했던 배들이 출정하려 했지만, 역풍이 불어 도무지 앞으로 나아갈 수 없었다. 이때 예언자 칼가스가 아르테미스 노여움으로 인해 그런 것이니 아가멤논의 딸 이피게네이아를 제물로 바쳐야 한다고 충

언했다.

아가멤논은 딸에게 아킬레우스와 결혼시키려한다고 속여 바닷가로 데려오는 데 성공한다. 사정을 안 아내 클리타임네스트라가 뛰어와 울면서 사정했다.

"당신은 자식을 제물로 바치며 뭐라고 기도할래요? 수치스러운 출발에 걸맞은 비참한 귀향을 빌래요? 내가 당신을 위해 복을 빌어주기를 바라세요?"

아내의 절규에도 아가멤논은 끄떡도 하지 않았다. 결국 이피게네이아는 제단에서 머리에 화관을 쓰고 예언자 칼을 받았다. 그녀 역시 죽기 전 아버지 앞에 엎드려 살려달라며 눈물로 이렇게 호소했다.

"때가 되기도 전에 저를 죽이지 마세요. 햇빛을 보는 게 저는 달콤해요. 땅 밑을 보도록 저를 강요하지 마세요."

참으로 눈물겨운 이야기다. "햇빛을 보는 게 저는 달콤해요." 마치 슬픈 노랫말처럼 오래도록 머리에서 떠나지 않는다. 하지만 아가멤논이 딸에게 스스로 제물이 되지 않으면 그리스 군사에 의해 도륙을 당할 것이라고 엄포를 놓았던 것이다.

아가멤논은 전쟁에서 돌아와 아내 클리타임네스트라와 그녀의 정부에 의해 죽임을 당하고 만다. 그리고 클리타임네스트라 역시 자신이 사랑하는 아들에게 죽임을 당하는 비극이 벌어진다.

인간 욕망은 끝없다. 사령관이란 중책이 야욕을 부추겨 부녀지간 정을 끊어 버리고 말았다. 그리고 연이어 부모와 자식, 천륜, 자연이 맺어준 정마저도 더럽히게 되나보다.

결국은 호메로스가 천재다.

△ '이피게네이아의 죽음' 출처 / 나폴리 국립 고고학 박물관
이피게네이아의 희생을 묘사한 프레스코

도라지 모싯대

휴일 날 게으른 아침, 창밖에 가을 햇살이 알짱거리고 있다. 창을 열었다. 햇살을 묻힌 바람이 훅하고 빨려든다. 한 줄기 빛에 추억이 살아나고, 바람이 귓불을 스치자 무던한 가슴을 속절없이 흔든다.

달리는 차 안, 조수석에 앉아 하늘을 올려다본다. 파란 수채물감 풀어놓은 가을 하늘, 산 끄트머리에 걸려있는 뭉게구름을 보며 가슴을 쓸어내린다. 차창을 열어 바람을 맞았다. 가슴이 뻥 뚫린 듯하다. 서둘러 캔 맥주 하나 따 목으로 넘기니 천상이 부럽지 않다.

겸사겸사, 바쁘다는 핑계로 몇 년을 방치해 쑥대머리가 되었을 선산이 떠올라 서둘러 떠나는 벌초 길이다. 초입부터 잡풀이 우거져 애를 먹었다. 얼마를 지나자 선산 입구에 토종밤이 여물어가고 있다. 애써 길을 트고 올라서자 어머니 젖가슴 같은 봉분이 반겼다.

엄마 봉분 옆에 야생화가 반갑다 하늘댄다. 연보라 요정 같다. 이름 하여 '도라지모싯대'다. 연두색 꽃받침에 연보라 꽃봉오리는 마치 생전의 엄마가 한복 치마저고리를 입은 것 같다. 눈이 충혈 되면서 목에 끈끈한 점액질이 울컥 차올랐다. 한두 송이가 아니다. 줄지어 군락을 이루며 작은 바람에도 하늘하늘 흔들어댄다. 내 마음도 흔들린다. 생전에 휘어진 엄마 허리 같다. 꽃대가 다치지 않게 잡풀만 제거하느라 애를 먹었다.

말끔하게 깎은 봉분 옆에 하나둘 솟은 모싯대가 가을바람에 춤을 춘다. 따라서 내 가슴도 춤춘다. 돌아서는 발길에 꽃향기가 따라오는 듯했다. 따뜻한 바람이 등을 밀어 앞가슴을 덥혀준다. 생전에 손길이 닿은 듯하다. 아득한 기억 속 향기를 느꼈다.

밥줄 유전자

책이 사라졌다. 작업실 책상 책꽂이에 있던 해외 여행기가 감쪽같이 없어졌다. 따끈한 신간, 혈기 왕성한 저자 친필 사인까지 들어간 책이 증발했다. 어디론가 훌쩍 떠나고 싶을 때 읽으려고 딴에는 중히 여겼다. 공용작업실에 들어서는 순간 책이 제 발로 돌아오지 않았을까 기대하곤 하지만 여전히 오리무중이다.

집에서 재차 뒤졌다. 아무리 들추어도 나오지 않는다. 뭉싯거리며 마음에 먹구름이 차오려는 순간이었다. 책꽂이에서 새로운 모습을 발견했다. 일순간 머릿속이 깨끗해졌다. 손길을 기다리는 책들이 시선을 붙들어 맸던 것이다. 책갈피 한 번 넘기지 않은 책, 맛보기로 몇 장 넘기다 만 책들이 먼지를 덮어쓴 채 침묵의 조소를 뱉어내고 있었다. 홀린 듯 책을 흔들어 깨웠다.

이리저리 날리는 먼지 속 표정들이 심상찮다. 대지에서 탯줄도 자르지 않은 자유로운 영혼 그리스인 조르바가 퇴물 취급하냐고 노려본다. 이태준의 문장강화가 그러니 네 문장이 그따위라고 비웃는다. 활주로에 웅크리고 앉은 생텍쥐페리 야간비행은 언제일지 모르는 출발을 기다리고, 인문학의 패배자는 너라며 고전불패가 일갈한다. 알랭 드 보통까지 너의 문학적 가치는 향락을 위한 허세라며 비웃는다. 장자는 비우라고 하지 않고 아예 포기하라며 물구나무를 선 채 독설을 퍼붓는다. 헤르만 헤세의 유리알 유희도 책을 욕심만 낸다는 것은 유희일 뿐이라고 빛바랜 몸으로 동참한다. 이들 아래 짓눌린 유시민이 앞니를 드러내며 내 필법에 공감하라며 대놓고 염장을 지른다.

없어진 책이 문제가 아니었다. 패배자의 편린을 보자 감정의 회오리가 몰아쳤다. 가슴에 활자화된 문학의 향기가 스며들자 콩닥 뛰었다. 설 연휴 동안 하루 열 시간을 눈이 쏙 들어가도록 읽었다. 그럼에도 불구하고 두 권에 만족해야 했다. 책의 수준이 높아 메모하며 읽었던 까닭이다. 그러나 문제는 다른 곳에 있었다. 책 속의 또 다른 책이 자극했다. 마음을 낚아챈 그들 책이 내게 없다는 사실이 자존심을 건드렸다. 도사리고 있던 마음속 지적 허영이 서점으로 내

몰았다.

끓기 시작한 열정은 출구 없는 발산을 향해 무작정 나아갔다. 데이비드 소로 '월든·시민불복종', 볼테르 '캉디드 혹은 낭만주의자', 칼 세이건 '코스모스', 헨릭 입센 '페르 귄트', 마루야마 겐지 '모독의 무지개여' 등등 격렬하게 부추긴 책 몇 권을 골랐다. 이렇게라도 하는 것이 겉치레뿐인 존재를 그럴싸하게 충족시키는 방법이 아닐까 했다. 허영을 실어 나르며 책 속으로 숨어들고 싶은 게 솔직한 심정인지도 몰랐다.

아니나 다를까. 포개진 책을 바라보는 아들의 웃음 섞인 낯빛, 힐긋힐긋 곁눈질하는 아내의 표정에 냉소가 스몄다. 따위의 표정을 이겨내려면 생활 습관부터 바꿔야 했다. 해가 떨어지면 놋그릇에 담긴 막걸리를 탐미하던 시간을 포기했다. 꿀맛 같은 새벽잠도 반납하며 사투를 벌였다. 금방이라도 순금 덩어리를 캘 듯 눈이 따갑도록 막장 같은 책장을 파헤쳤다. 제법 깊숙하게 파고들던 순간이었다. 문득 '이게 뭐 하는 짓인가?'라는 생각이 들었다. 결국'왜 책을 읽어야 하나?'로 자문자답이 시작되었다.

독서는 배움이다. 왜 배우려는가? 깨달음이기 때문

이다. 깨달음은 무엇인가? 그릇됨의 뉘우침이다. 잘못을 깨닫고 부끄러워하고 뉘우치고 고쳐가면서 최대한 인간답게 살기 위한 것이다. 과연 그럴까? 배우기만 하고 생각하지 않으면 얻는 것이 없고, 생각만 하고 배우지 않으면 위태롭다고 일찍이 공자가 말했다. 경험이 아니라 선험적 지식으로 정리한 까닭에 새롭게 해석했다.

책을 읽는 사람은 자신의 언어로 사고하지만, 그렇지 않으면 타인의 언어가 내 생각인 양 착각에 빠질 수 있다. 긍정적 사고를 정착하고, 자조하지 않는 삶을 꾸려가려면 책에서라도 익혀야 고이지 않고 흐르는 자가 된다는 결론에 닿았다. 내 속에 변화의 날개가 돋쳤다.

조선의 석학 다산 선생을 떠올렸다. 절대고독의 유배지에서 아들에게 글공부는 아비 버릇을 이을 줄 모르고 주량만 아비를 넘느냐며 꾸짖는다. 선생의 다그침이 잊고 있던 아버지를 생각나게 했다. 고백건대 부족하나마 글을 쓰게 된 계기도 아버지로부터였다. 석고 데생 하는 아들을 보며 서양귀신만 그린다고 나무라던 아버지였다. 그러면서 어린 아들의 감수성을 엿보았을까. 마음을 다스리려면 그림보다 글짓기가 더 좋을 거라고 했다. 붓을 던지고 이나마 글로 밥줄을 연명하고 있는 것을 보면 아버지 말씀이 유전자처럼 연결되어 있는지도 모른다.

기억 속 아버지는 늘 글과 살았다. 가업이라 어쩔 수 없었다고는 하지만, 서책에서 한시도 눈을 떼지 않았다. 이곳저곳 글을 팔고 글씨를 팔러 다니기도 했다. 어머니는 한 치 의심도 없이 조선의 마지막 양반이 당신 남편이라고 믿었다. 가장으로서의 무능을 이해하려고 애썼다. 아버지를 대신해 궂은일을 도맡아 하면서 저잣거리 노동도 마다하지 않았다. 눈초리를 치켜세워 목청을 돋우고 싶은 날이 왜 없었을까. 그러나 어머니는 평생을 헌신하다 눈을 감았다. 어떻게 보면 아버지는 절박한 현실을 눈감기 위해 글을 움켜쥐고 있었는지도 모른다.

예전에 써놓은 글을 펼쳤다. 내시 이 앓는 소리처럼 맥없이 흥얼거리며 주저리주저리 군소리뿐이다. 붉을 줄을 죽죽 긋는다. 펜 끝이 마음에 상처를 내며 가차 없이 지나간다. 붉은 줄이 얼기설기 뒤엉킬수록 거미줄 같은 설익은 문장이 걸려든다. 버둥거려 보았으나 손발이 꽁꽁 묶인다. 먹물로 글을 덮어버리던 아버지가 떠오른다.

겉만 화려한 쭉정이에 불과했다. 더 여물어야 한다. 글 주위에서 어슬렁거리지 말고 아비처럼 살아서도 안 된다는 회한의 목소리가 환청처럼 울린다. 사늘한 밤공기 속으로 나왔다. 아버지가 밤그림자가 되어 함께 걷는다. 오감이 별처럼 살아난다. 감각을 꼬집는 이슥한 밤에는 술 한 잔이 제격이련만….

별 헤는 밤

별들이 아름다운 건 눈에 보이지 않는 꽃 한 송이 때문이야. 별들을 바라보는 것만으로도 난 행복할 거야

– 어린 왕자 中 –

얼마나 오래된 풍경입니까. 얼마나 오래된 사연입니까. 어린 시절 밤하늘에 반짝이는 별을 바라보며 가슴에 꿈 한 자락 품어보지 않은 이가 있겠습니까. 우주는 어떻게 생겼을까? 별은 어떻게 태어났을까? 꼬리에 꼬리를 물고 이어지는 의문은 별을 선으로 엮어 그림을 그리게 하고 이야기도 지어내게 해 상상의 나래를 한없이 펼쳤던 기억 말입니다.

어둠이 세상을 먹어버린 여름날 저녁이면 마당 한가운데 살평상에 누워 별을 장난감 삼아 놀곤 하였습니다. 북두칠성을 차례대로 짚어가며 '저거는 똥바가지' '그 옆에 작은 건 바가지' '그 옆에 둥글게 모여 있는 건 호빵' '저기 노랗게 반짝이는 것은 전구' 하며 읊조리다가, 별이 눈으로 부서져 내려와 가슴에 알알이 박힐 즈음이면 스르르 잠에 들곤 했습니다. 어머니 갈라진 손바닥의 접촉은 별을 징검다리 삼아 뛰어노는 꿈을 꾸게 했답니다.

별은 어떤 이에게는 슬픔을 달래주는 위안으로, 또 어떤 이에게는 사랑하는 이와의 행복을 꿈꾸게 하는 설렘으로 우리네 정서에 짙게 녹아 있습니다. 뿐이겠습니까. 수많은 이들이 저 깊은 우주 속으로 한없이 달려가며 별을 향해 희망을 쏘아 올리기도 했을 것입니다. 별이 우리네 소망을 하늘에 전해주는 불빛으로 여겼던 것입니다. "저 별이 보석으로 변해 우리 집 마당에 떨어지면 얼마나 좋을까" 어린 나이에도 누나의 참 절박한 기도였단 걸 나는 알았습니다.

계절이 지나가는 하늘에는 / 가을로 가득 차 있습니다. / 나는 아무 걱정도 없이 / 가을 속의 별들을 다 헤일 듯합니다. / 가슴속에 하나 둘 새겨지는 별을 / 이제 다 못 헤는 것은 / 쉬이 아침이 오는 까닭이오, / 내일 밤이 남은 까닭이오, / 아직 나의 청춘이 다하지 않은 까닭입니다. / 별 하나에 추억과 / 별 하나에 사랑과 / 별 하나에 쓸쓸함과 / 별 하나에 동경과

/ 별 하나에 시와 / 별 하나에 어머니, 어머니, / 어머님, 나는 별 하나에 아름다운 말 한마디씩 불러봅니다. (하략)

윤동주님의 '별 헤는 밤'을 읊조려 봅니다. 별 하나마다 나름의 추억을 가슴에 담아두고 있습니다. 사랑과 그리움에 대한 회상, 애환과 미련에 대한 대상, 추억과 생명에 대한 단상 등 삶의 내용이 된 별이 거친 마음을 순하고 부드럽게 만들어주고 있습니다. 별을 바라볼 때면 까마득한 기억 속 젖먹이 때 하늘로 간 내 동생을 떠올립니다. 플라톤의 제자들이 신들의 문으로 부르던 역삼각형 염소자리를 통해 천국으로 갔을 것이라 믿습니다. 그날 밤 별들이 초롱초롱 유별났거든요.

예부터 우리네 별자리는 영웅시하는 서양과 달리 우리가 살아가는 세상을 있는 그대로 하늘에 그려놓았습니다. 윤동주님의 시에서처럼 일상에서 비롯된 기억이나 일상과 함께해온 사람은 물론, 심지어 동물에 대해서도 하나하나 별로 떠올렸습니다. 밤하늘의 별을 자세히 관찰해보면 홀로 외롭게 떨어진 별은 그리 많지 않습니다. 무리를 이루거나 나란히 붙어 있는 모습을 발견할 수 있습니다. 별과 나를 엮어 내

별을 점찍기도 하고, 별똥별을 보면서 소원을 빌기도 했습니다. 별 하나에도 자아를 투영해 내적으로 풍부한 삶을 살고자 했던 선조들의 지혜였습니다. 지금 내가 별을 바라보며 꿈을 잃어버린 아들에게 희망의 끈을 놓지 않는 것처럼 말입니다.

하늘은 놀라움과 두려움의 대상이면서 믿음 그 자체였습니다. 북두칠성처럼 별과 별을 이어 하나의 별자리로 만들기도 하고, 견우직녀와 같은 아름다운 이야기를 지어 참으로 믿기도 했습니다. 얼마 전 고인이 되신 이어령 선생님 말씀에, 별을 만들어낸 것은 하늘이지만 별자리를 만들어낸 것은 사람의 마음이라고 합니다. 그렇기 때문에 똑같은 별자리를 두고도 민족과 나라에 따라 전설의 내용이 달라지는 것입니다.

지금 우리 눈에 비치는 빛은 수백만 년, 수천만 년을 빛의 속도로 달려온 것입니다. 하지만 이런 식으로 해석하면 어느덧 동심은 사라져버리고 가슴도 삭막해지게 마련입니다.

사랑이나 종교를 과학적으로 사고하고 분석적으로 표현하기 시작하면 그 의미가 변색되듯이 말입니다.

어둠이 세상을 먹어 별을 낳았습니다. 풀벌레도 잠든 밤, 시골집 마당에 펴놓은 평상에 누워 반짝이는 별을 따라 시선을 움직입니다. 밤하늘에 총총히 박힌 별에게 말을 걸어봅니다. 알퐁스 도데 단편소설 '별'에서 목동의 시계라 했던 삼태성 오리온자리를 시작으로 물고기자리, 사수자리, 뱀자리, 물병자리, 게자리, 견우별, 직녀별……. 홀로 노는 시간이 참 즐겁습니다.

까마득한 추억 속의 어머니, 무능한 아버지를 대신해 궂은일만 도맡아 하다가 고인이 된 형이 단 1초라도 곁에 있었으면 더 행복하겠습니다.

추위에 바들바들 떨고 있는 별, 파랑색 빛을 발하며 가장 화려하게 빛을 내는 별, 꼬박꼬박 조는 듯 희미하게 사그라지는 별을 억지로 찾아 눈으로 내립니다. 주위의 빛으로 인해 겨우 존재하는 나를 보는 듯해섭니다. 문득 스스로 빛나지 않지만 주위를 밝게 밝혀주는 사람, 그림자만 봐도 반가운 사람이 생각납니다. 나 역시 그런 사람이 되어야 할 텐데 언감생심 걱정입니다.

나름으로 삶의 궤적을 그려가는 것처럼 하늘아래 개개인이 우주 만물 중 유일한 존재란 사실이 미약한 삶에 약간 용기를 줍니다. 반짝이는 별을 보며 꿈을 투영했던 때가 있었습니다. 부족한 것투성이 삶이었지만, 희망이 있어 행복할 수 있었죠. 코로나19로 팍팍해진 요즘 어쩌면 너무나 인간적인 본성을 되돌아볼 기회가 아닐까 합니다.

광활한 우주, 밤하늘의 꿈

우주宇宙는, 중국 송나라 육상산(1139~1192)이란 사람이 공간을 '우宇'라 하고 시간을 '주宙'라 하면서, 이 두 글자를 합쳐 '우주(universe, space, cosmos)'라고 했답니다. 백과사전 역시 우주를 '모든 물질과 복사輻射를 포함하는 공간과 시간의 전체'라고 이르면서 '우주라는 말은 시공時空을 뜻할 때에는 이 세상에 존재하는 모든 물질·공간·시간을 포괄하고, 지구 밖의 공간을 지구를 둘러싼 원우주遠宇宙라고 한다'고 부연하고 있습니다. 이를 보면 우리 동양인들은 우주를 공간만이 아니라 시간도 포함시켰다는 것을 알 수 있죠. 어찌 보면 당연한 것인지도 모릅니다. 지금 반짝이는 저 별빛은 수만 년을 달려온 과거의 것이기 때문입니다.

어찌 되었든 현재의 우주는 과거와 동기화되면서, 시간이란 개념은 사라져버리고 순간이 영원일 것이라는 막연한 생각으로 가득 차게 됩니다.

그리스 천문학자 프톨레마이오스(85?~165?)는 처음으로 하늘의 별을 세어본 후 모두 6,000개에 이른다고 했습니다. 그러나 망원경이 발명되면서 웃기는 주장이 되고 말았죠. 천문학자들에 따르면 우리 은하에만 약 2천억~4천억여 개의 별이 있답니다. 우주에 모두 1,375억여 개의 은하가 존재한다면, 지구의 모래알보다 4~5배 많은, 어쩌면 인간의 상상으로는 가늠이 불가능할지도 모릅니다. 스스로 계산해보길 권합니다.

우리가 살고 있는 태양계 역시 수많은 은하계 중의 하나에 속하면서, 또 그 은하계의 한 귀퉁이에 자리하고 있을 뿐입니다. 이처럼 수많은 별들로 이루어졌다고 해서 우리는 은하계를 '미리내'라고도 부릅니다.

그리고 우주, 즉 지구와 별들과의 거리를 나타낼 때에는 광년光年이라는 표현을 씁니다. 빛이 가는 속도를 기준으로 측정하여 단위를 나타낸 것입니다. 1광년은 빛의 속도로 1년을 가야 한다는 뜻이고, 1만광년이란 빛의 속도로 1만년을 가야 한다는 뜻이 됩니다. 실감나지 않으신다면 1초, 즉 우리가 눈을 깜박하는 사이에 빛이 지구를 7바퀴 반을 돈다는 사실을 전해드립니다.

옛날 사람들은 밤하늘의 별을 올려다보면서 국가와 개인의 운명을 점치기도 했습니다. 태양이 달에 가려서 나타나는 일식이나, 지구가 달과 태양 사이에 위치하면서 나타나는 월식, 낮에 보이는 금성 등 일상에서 벗어난 천문현상이 나타나면 왕은 자신의 부덕함을 반성했고, 백성 역시 재난이나 우환에 대비하는 지혜를 발휘했습니다.

그렇다면 옛날 사람들은 우주를 어떻게 생각했을까요? 고대 그리스에서 발전한 자연철학에 의하면, 그들은 우주가 지구와 천구라는 2개의 구(하늘과 땅)로 이루어져 있다고 믿었습니다. 그리고 천구에는 88개의 별자리에 들어 있는 붙박이별恒性들이 자리를 잡고, 하루에 한 번씩 동쪽에서 서쪽으로 돈다고 생각했습니다. 이것은 북두칠성이 북극성을 중심으로 시계 반대방향으로 회전하고, 별들은 동쪽 지평선에서 떠서 서쪽 지평선으로 지는 현상을 나타내기 때문입니다. 고대 중국에서도 이와 유사한 천문학 이론이 발전했다고 합니다.

조선을 건국한 이성계는 하늘의 뜻을 받아 나라를 세웠다는 당위성을 강조하기 위해 '천상열차분야지도天象列次分野之圖'라고 하는 밤하늘의 별자리를 돌에 새겨 놓았습니다.

여말선초 유학자 양촌 권근(1352~1409)은 '달걀의 흰자가 노른자를 둘러싸고 있는 것처럼 우주 역시 하늘이 땅을 둘러싸고 있으며, 하늘은 둥글고 끝없이 돈다'고 간략하게 기록하고 있습니다. 혼천설渾天說, 즉 하늘은 둥글며 끝없는 일주운동日周運動을 이해했습니다.

덧붙이자면 천문학이란 행성, 별, 은하, 은하단, 성운, 성단 등과 같은 천체 전체를 대상으로 하여 우주 자체의 기하학적 구조를 밝히는 데 주안점을 둔 학문입니다. 그리고 우주가 어찌 탄생했는지에 대해서는 여러 가지 학설이 있습니다. 하지만 그 중에서 표준모형으로 손꼽히는 것은 '뜨거운 대폭발(hot Big Bang model)' 즉 '빅뱅'이론입니다. 우주는 아주 작고 뜨거운 점에서 시작하여 점점 커지고 있다는 모형으로, 아인슈타인이 1907년 '나의 인생에 있어 가장 행복한 생각'이었다고 한 일반상대성이론과 입자물리학의 깔끔한 결합인 동시에, 관측상에 드러난 증거들과도 매우 잘 부합한다고 합니다. 이를 뒷받침하듯 1929년 미국의 천문학자인 허블(Edwin Powell Hubble, 1889~1953)은 외부 은하계를 관측하면서 우주가 계속 커지고 있다는 사실을 밝혀냈답니다. 즉 "멀리 있는 은하일수록 더 빨리 멀어진다"는 유명한 그의 법칙을 실증적으로 확인했던 것입니다.

참고로 13세기 무렵부터 사용되기 시작한 '천문학

(Astronomia)'과 14세기 이후에 사용된 '점성술(Astrologia)'이란 말의 본래 의미는 '우주론'에 더 가까웠던 것으로 보인다고 합니다.

별도 하늘에 영원히 떠있지 않습니다. 사람처럼 언젠가는 죽을 운명이란 뜻입니다. 우리 태양의 수명은 대략 100억년 정도라고 합니다. 현재 태양이 약 50억년 정도 되었으니 앞으로 50억년 정도가 지나면 태양은 이 우주에서 사라지고 말 것입니다. 다른 모든 별도 태양처럼 태어나서 진화하다가 결국 소멸을 맞습니다. 별이 만들어지는 과정 중 가장 중요한 요소는 질량입니다. 질량에 따라 별의 크기와 밝기, 얼마나 오래 사는지가 결정되기 때문이죠. 재미있는 것은 태양의 안정적인 수명이 무려 100억년에 달하는데도 불구하고, 수축하여 소멸하는 기간은 고작 1,000만년밖에 되지 않는다는 사실입니다.

별의 일생을 간략하게 정리해보면 구름이 모여 탄생되고 진화를 거듭하다가 대량의 기체를 우주 공간에 방출하면서 죽어간다고 할 수 있습니다. 그리고 그렇게 방출된 기체는 다시 모여 다음 세대의 별로 새롭게 태어나는 것이랍니다. 그런 의미에서 어쩌면 불교에서 말하는 윤회설처럼 별은 지난 과거를 이어

가고 있는 것인지도 모릅니다.

우리네 동경과 꿈을 밝혔던 밤하늘에 별은 여전히 무수히 많은 비밀을 품고 있습니다. 이 모두를 알려고 하기보다, 별을 보며 희망을 꿈꾸던 어린 시절의 용기와 사랑을 잃지 않으려는 지혜가 필요한지도 모릅니다. 별은 태양이 빛나는 낮에도 반짝이니까 말입니다.

아침에 햇볕을 먼저 받는 곳은 저녁에 그늘도 먼저 들며, 일찍 핀 꽃은 시드는 것도 빠르다는 것을 알아야 한다. 운명의 수레는 돌고 돌아 잠시도 멈추지 않는다. 뜻을 품고 이 세상을 사는 사람은 잠시 재난을 당했다고 해서 청운의 뜻을 꺾어서는 안 된다. 가슴에는 항상 가을 매가 하늘을 솟아오르는 기상이 있어서, 눈으로는 천지를 좁게 보고 손으로는 우주를 가볍게 여겨야 옳은 것이다.

−다산 정약용 '아들에게 보내는 편지'−

(출처: 다산연구소)

인간 삶을 관장하는 별

태양이 하늘의 별자리 사이를 지나는 길을 황도黃道(ecliptic)라 하고, 이 황도에 자리한 12개의 별자리를 황도12궁이라 한다. 황도12궁 가운데 아홉 번째 별자리가 바로 사수자리(궁수자리)다. 여름날 초저녁이면 남쪽 지평선에 S자 모양으로 이어진 웅장한 곡선의 별들이 나타난다. 이것이 그 유명한 전갈자리인데 그 옆에서 활을 겨눈 모습을 한 별자리가 사수자리다.

사수자리는 머리와 가슴은 사람이지만 아래는 말의 모습을 한, 켄타우로스족 중 한 명인 케이론이다. 일반적으로 켄타우로스족은 성질이 거칠고 난폭했지만(헤라클레스 아내를 유혹하려다 죽은 네소스도 켄타우로스족이다), 케이론만큼은 그렇지 않았다. 그는 제우스 아버지 크로노스가 아내 레아 몰래 말로 변해서 오케아노스 딸 필리를 유혹해 태어난 아들이다. 케이론은 정의를 중요한 가치로 여겼고, 성격도 온화하고 선량해서 주위로부터 존경받았다. 특히 음악과 무예,

사냥과 예언 등에 뛰어났던 그는 헤라클레스에게 무예와 음악을 가르치는 등 신화에 등장하는 수많은 영웅의 스승이기도 하다.

케이론은 신의 아들인 만큼 죽지 않고 영원히 사는 불사의 몸이었다. 하지만 헤라클레스의 실수로 물뱀 히드라의 독이 묻은 화살에 상처를 입고 말았다. 히드라 독은 그 어떤 약으로도 치료가 불가능했다. 불사의 몸인 케이론은 죽을 수도 없어 영원히 고통스러워할 수밖에 없었다. 이 모습을 두고 볼 수만은 없었던 제우스가 인간에게 불을 전해준 프로메테우스에게 불사의 몸을 양보하고 편안하게 죽음을 맞도록 해주었다. 그래서 케이론은 하늘에 올라가 활을 잡은 모습의 별자리가 되었다.

다른 이야기도 있다. 그의 제자인 이아손이 헤라클레스 등 영웅들과 함께 콜키스로 황금 양모를 찾아 떠날 때였다. 이들을 안전하게 인도할 목적으로 스스로 하늘로 올라가 활을 잡은 채 별자리가 되었다는 내용이다. 케이론이 헤라클레스, 이아손, 아스클레피오스 등 뭇 영웅의 스승이지만 별다른 신화는 전해오지 않는다. 하지만 영웅들의 지혜와 무예는 그에게서부터 나온 것이니 그 역할은 중요하다 하겠다.

재미있는 것은 이 사수자리에 한국과 중국에서 매우 신성시 하는 별자리가 포함되어 있다는 사실이다.

사수자리 가운데에 작은 북두칠성처럼 생긴 여섯 개의 별이 뚜렷하게 나타난다. 이를 두수(斗宿)라고 하는데 이는 하늘사당이라는 뜻이다. 이 별들을 북두칠성을 닮았다고 해서 '남두육성'이라 한다. 사람들은 북두칠성은 죽음을 관장하는 별로 여긴 것에 반해, 이 여섯 개의 별을 삶과 장수를 관장하는 별로 여겼다.

우연하게도 프로메테우스에게 생명을 양보한 케이론과 삶을 관장하는 남두육성이 같은 별자리에서 묘한 대조를 이룬다. 이 별을 두고 백사 이항복은 임진왜란 당시 동래부사 송상현의 충절에 비유했으며, 김시습, 정지상 시에도 등장한다. 고소설 《임호은전林虎隱傳》에서는 난세를 헤쳐 가는 영웅 이야기가 담겨 있다. 이렇게 보면 동서양을 막론하고 인간 삶과 영웅을 상징하는 대표적인 별자리라고 할 수 있다.

덧붙이면, 인간에게 불을 전해준 죄로 제우스의 노여움을 받은 프로메테우스는 코카서스의 바위에 묶여 독수리에게 간을 쪼이는 고통을 받는다. 이때 헤라클레스 도움으로 고통에서 벗어날 수 있었으며, 케이론에 의해 영생을 부여받는 극적인 드라마틱한 주인공이 되었다. 인간 문화에 공헌했던 그에게 신화를 창조한 인간에 의해 보상이 주어졌다고 할 수 있다.

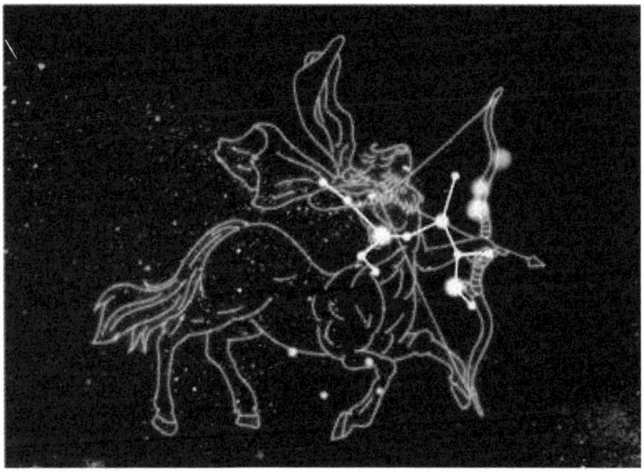

* 그림 설명 : 사수자리(궁수자리). 여름날 해가 떨어지고 어둠이 찾아오면 남쪽 하늘에 전갈자리와 함께 나타난다. 이 별자리에는 인간 삶을 관장하는 남두육성이 포함되어 있다.

새벽

어슴새벽, 시나브로 안개 걷히자 아침이 밝아 오고 있습니다. 나그네가 새벽길을 위해 눈을 뜨듯 살며시 일어나 어둠이 빠른 속도로 사라져 가는 시골집을 살금살금 배회합니다. 죽은 듯 고요한 사위에 닭장도 입을 다물었습니다.

우물 지붕 넝쿨에 송이송이 늘어트린 연보라 꽃을 보자 마음에는 저절로 세상에 대한 사랑이 피어납니다. 검은 관을 통해 맑은 물이 추호의 의심도 없이 콸콸거리며 세상으로 쏟아집니다. 입을 벌려 벌컥벌컥 들이켜 빈속을 채웁니다. 갈등과 선택의 강요에 진저리 쳤던 간밤의 꿈이 물에 쓸려갑니다. 고개를 들자 태양이 금빛으로 떠오르며 수많은 봉오리를 밝히고 있었습니다. 심장도 붉어지는 듯합니다.

이슬이 말라가는 시간, 세상만사 초록이 선명해지

면서 청춘의 착각에 빠집니다. 육체를 벗어난 영혼이 높은 하늘로 오릅니다. 먼데 산허리까지 시선이 닿습니다. 고요한 평화가 세상을 지배하고 있습니다. 진정 종교보다는 아름다움이 세상을 구원하리라는 믿음이 생기는 순간, "컹!" 하는 묵직한 울림이 영혼을 추락시킵니다. 네눈박이 강산이랍니다. 위험천만한 숲을 홀로 헤매지 말라고 함께 하겠다는 의지의 외침인 듯합니다.

그 소리에 닭들도 자유를 찾아 울타리를 넘습니다. 그러나 하늘에 지상을 감시하는 솔개 한 마리가 매의 눈으로 내려 보며 유영하고 있습니다. 어미 닭이 서둘러 병아리들을 우리 속으로 데려가 품습니다. 놀란 눈동자, 애잔한 숨소리가 귀에 들리는 듯합니다. 다시는 새끼 잃은 무념의 눈물을 흘리지 않겠다는 단호한 의지라 여겨집니다.

울타리에 핀 개나리 무리가 일제히 바람을 빌어 용기를 주고 있습니다.

"그래 아주 잘하고 있어!"

무용無用66

하늘에 구름 한 점 없는 명경 같은 오월의 아침, 피보다 붉고, 낡은 심장보다 백만 배나 붉은 장미가 무리 지어 피었다. 인생 후반기 자랑할 것이라곤 기억의 창고에 쌓인 찌꺼기뿐이지만 그리 두근거릴 일도 없는, 닳아서 바닥을 드러낸 사포의 가슴을 속절없이 긁어댄다.

가시 박힌 붉은 동아줄로 시선을 걸고넘어지는 무리 앞에 섰다. 아침의 기운을 머금은 태양 빛이 세상의 아름다움과 화려함을 포개놓은 정념의 가시광선이다. 붉은빛과 색의 조화가 치명적인 매력의 팜므파탈, 한 점 의심도 없이 세상을 압도하려는 짙붉은 명암에 부나방을 자처한다. 머리 깊숙한 곳에서 똬리를 튼 얼굴을 붉도록 짓이겨 재차 고개를 쳐들지 못하게 일탈을 굳혔다. 장미라는 형이하학의 후경 속 형이상학을 찾기 위해서라고 자위했다. 세월에 남은 것이라곤

너덜너덜한 변명뿐인 삶이 오늘 죽든 내일 죽든 기억할 가치가 없기는 마찬가지다. 세속적 안목이 낮았던 탓이리라.

끈질긴 미련이 끝내 모가지를 돌리게 만든다. 게을러터진 몸뚱이도 이때는 알아서 따른다. 시선을 통한 짧은 잔상에만 기댔던 아둔함을 탓하며 문명의 이기를 빌어 화면에 담기 시작했다. 역광의 신이한 빛에 리듬을 타며 요리조리 앵글을 바꿨다. 장미의 곡선 실루엣이 제멋대로 유려하다. 네거티브한 선이 나와 장미와 세상을 구분했다. 이를 단숨에 뛰어넘어 장미를 나에게로 옮겼다. 휴대폰을 안주머니에 넣자 마음이 붉어지고, 기운이 찬다. 비록 물리적 향기는 없어도 이만하면 됐다. 문득 장미 향기를 기억했다. 장미 허리를 싹둑 잘라 화병에 꽂아놓았을 때 죽어가며 내뿜는 향기가 최고다.

저기 늘어진 가지 끄트머리 장미 송이가 바닥까지 닿았다. 화려함 뒤에 숨겨진 비밀, 송이송이 다투어 피어나다 한계를 넘었나 보다. 지구가 허락한 중력을 버티지 못하자 목덜미를 간질이는 오월의 속삭임에 밑둥치가 갈라져 속살을 드러냈다. 그럼에도 불구하고 장미라는 본래의 아름다움을 잃지 않았다. 아무렴 다른 장미들과 비슷한 시기에 시들어 갈 것이리라.

유난히 짙은 향기로 보아 이듬해 새로운 영혼으로 피어날 수 있으리라 의심치 않았다.

살아 있다? 그런데 움직임이 없다. 머리를 숙여 눈을 크게 뜨자 유난히 작은 개미들이 축제 준비로 분주하다. 어떤 연유로 죽음에 이르게 된 것인지 알 수 없지만, 머리부터 꼬리 끝까지 비늘로 갑옷처럼 뒤덮고, 두 눈은 장미와 마주한 까닭에 붉게 빛났다. 짧은 앞발을 막 움직이다 멈춘 듯 벌렸고, 몸통과 꼬리 경계에 붙은 뒷다리가 당장이라도 차고 나가려는 듯 곧추세웠다. 흐트러짐 없이 둥글게 말린 꼬리가 먼 옛날 이 땅을 호령했던 공룡의 본질을 잃지 않으려는 너의 마지막 움직임이었음을 알아차렸다.

움직임이 없다.
꼬리에 상처가 깊어 그냥 죽음을 택했나 보다. 죽음에 제법 격조가 있어 시간을 거스르고 거스르면
티라노사우루스에 닿을 법하다.
비록 하잘것없는 개미 떼의 식량 거리가 되더라도 생존의 핏빛을 끝끝내 포기하지 않았을 너를 추모한다.

죽음에 제법 격조가 있어 시간을 거스르고 거스르면 티라노사우루스에 닿을 법하다. 비록 하잘것없는 개미 떼의 식량 거리가 되더라도 생존의 핏빛을 끝끝내 포기하지 않았을 너를 추모한다. 주검을 알아차린 장미가 희생하면서까지 광휘를 보내지 않았느냐. 빙하기를 견딘 네 조상에 대한 전설을 품고 간 너는 새로운 전설로 살아날 것이다. 너를 향한 장미의 찬사가 하릴없는 인간의 시각이라지만, 장미와 더불어 탈색되지 않은 정물이 되어 가슴에 착상되었다. 대신 살아갈 용기는커녕 죽을 용기도 없어 서서히 자살을 선택한 인간에게 죽음까지 독려하진 말아다오.

전근대적인 세상인 양 신을 군주라고 체념하며 살던 그는 '무용(無用)66'을 이칭으로 삼았다. 아무짝에도 쓸모없지만 66세까지만 살게 해달라고 삶을 애원하던 형이다. 히스테릭하고 변덕을 즐기며 그저 두드러지고 싶어 하는 인간에게 비하면 백만 배 유용한 인간이었다. 뚝뚝 흐르는 정을 다 주워 담지 못해 버거워해야 했다. 오월 어느 날이었다. 살아있는 장미도 아니었다. 서양화가 개인전 전시장에서 마주한 유화한 점이 감수성을 건드렸다. 표현을 빌리면 '붉게 물든 그리움'을 감당 못 해 그길로 기차를 타고 대구로 달려온 형이다. 신명 나게 두드리는 형의 북장단에 생명이라는 공통분모가 있음을 알았다.

장미가 채 피기도 전이었다. 그간의 간절함과 달리 6년이나 앞서 떠났다. 형이 살아 있다면 올해가 66세다. 부산 금정산 자락 허름한 술집에서 형과 마시던 막걸리가 유난히 당긴다. 뒷마당의 장미가 붉었던가?

미래의 기억

사람들은 무료하거나, 저잣거리 생활에 힘들어할 때 여행을 떠난다. 산을 찾기도 하고, 넓은 바다를 보며 자아를 발견해 가기도 한다. 나도 별반 다르지 않다. 다만 우리의 역사를 거슬러 오르는 시간여행을 한다는 것이며, 역사가 내게 던지는 교훈과 우리의 문화재가 주는 진실에 사색하고 사고하며 나를 찾아가는 살짝 틀어진 답사 여행을 할 뿐이다. 그렇기 때문에 내게 있어 어떤 시각으로 바라보느냐가 중요하며 또 얼마만큼 알고 느끼는가가 내 마음 순화의 실마리가 되기도 한다.

나는 내 방식대로 걷고 웃고 춤을 춘다. 나는 역사학자도 아니며, 미술사가도 아니다. 그것은 전문가가 아닌 순 아마추어의 시각에서 한 치의 벗어남도 없다는 뜻이다. 전문가들의 노력이 담긴 수많은 책을 찾아 읽고 그 속의 지식을 내 것으로 소화하려 애를 쓴

다. 지식의 일차적 이차적 생산자로서가 아니라 유통 과정을 거쳐 지식과 감성을 적당히 버무린 소매점의 전달자 역할임을 부정하지 않는다. 답사지에 서면 고증을 일삼지 않으려 애를 쓰는 여행객일 뿐이다. 그리고 문화재 그 내면의 고통과 절박한 사연에 귀를 기울인다. 하층민들의 피와 땀을 기억해내며 드러나는 아름다움에 감탄만 하지 않는다는 뜻이다. 지적 사치에 길들길 거부하며, 어쩌면 진실은 불편할 수도 있다는 사실을 담담히 받아들인다. 그리고 내면의 아름다움을 찾기 위해 좁은 가슴을 연다.

'미래의 기억'이 바로 꿈이며 소망이라면, 그 꿈의 종착지는 결국 답사의 궁극적 목표와 같다. 그것은 착하게 살기 위함이며, 정의롭게 그러면서도 가슴은 따뜻하게, 세상을 알뜰하게 살아가다 행복하고, 즐겁게 죽어가고 싶은 욕심이 그것이다. 결국 답사 여행이란 나를 찾아가는 마음의 보약이다.

아버지

아버지는 평생을 글쓰기로 보낸 분이다. 섬섬옥수에 괭이자루를 잡는다는 따위는 상상조차 할 수 없었다. 무능을 문능文能으로 대신하면서 아내에게 노동을 강요했다.

자존심이 하늘에 닿았다. 당신보다 문장이 뛰어나다면 끝끝내 붙어 승리를 거두고서야 얼굴을 펴는 분이었다. 대신 당신이 생각하기에 무지렁이 반건달에 대해서는 그렇게 깍듯할 수 없었다.

“나보다 잘난 사람에게 지지 말고, 나보다 못난 사람에게 무조건 져라”라는 말을 행동으로 옮겼지만, 가정은 바로 서지 않았다.

어머니와 형이 경제력을 대신했고, 무한신뢰를 보냈던 아들에게 세 번씩이나 가슴을 짓밟힌 어머니의 원망은 아버지를 향했다.

아버지의 목표는 가난을 벗어나는 것이 아니라 가

난을 핑계로 게으름으로 노년을 허비했던 것이 아닐까. 물질적 풍요보다 지적 충만을 자애감으로 존재가치를 인정받으며 위로했다. 아버지는 절박한 현실을 애써 눈감기 위해 글을 쓴 거였다.

백설 같은 두루마기에 한지 소를 넣은 윤기 나는 옷깃 동정이 문사로서 품위를 돋보이게 했다. 어머니는 아버지가 당신이 다려준 한복을 차려입고 사립문을 나서는 모습을 바라보며 흐뭇해했다. 어쩌면 그 모습이 보고 싶어 당신 고혈도 마다하지 않고 짜냈는지도 모른다.

결국 아버지 삶은 어머니가 길들인 것이다.

헝가리 부다페스트에서 만난 길거리 화가

나 : 누굴 그린 거여요?

화가 : 내 속에 나쁜 놈들

나 : 그래선지 하나 같이 인상이 더럽네요

화가 : 옛날 나를 사정없이 패던 선생들이야

나 : ……

화가 : 30유로. 살래?

나 : 수고하셔(우리말로)

구담龜潭 형

삶이 서러웠다. 자기연민에 빠져 지독한 절대고독을 받아들이며 죽음과 대립한 채 버티고 있었다. 지친 영혼이 육체를 떠난 것처럼 정적만이 모두였다. 그때 십년지기인 양 성큼성큼 다가와 체념의 쓰레기통에서 금빛 희망을 분리수거해준 분이 있다.

그분은 가느다란 인연의 끈을 핑계로 손을 불쑥 내밀었다. 그리고 금쪽같은 시간을 오롯이 양분해줬다. 까닭도 조건도 없는 너털웃음에서 가슴에 돋았던 설움의 가시는 그 의미를 잃고 말았다. 웃기는 일이었다. 전화를 기다리는 날이 많아지면서 깨달았다. 그간의 아픔이 환상이었고, 고통이 신기루였다. 진정 마법사다. 나보다 나를 더 나답게 보아준 이상한 눈을 가진 분이 분명했다.

그랬던 선생은 매화꽃 필 무렵 생을 마감했다. 온전한 봄이 채 오기도 전에 가버렸다. 돌이켜보면 어떤 인연이 끝자락을 잡고 있어 이별을 경험케 하는지

도무지 알 수 없지만, 황사 바람만 불면 귓가에 맴도는 음성이 언제쯤이면 사그라질까. 해마다 환청처럼 울려댈 연분홍 치마 가락을 어쩌면 좋을까.

심판의 날을 기다리면서도, 모든 생명은 죽음에 포섭된다는 진리를 믿으면서도, 적멸감에 두려워하지 않았음을 안다. 인생 2막이라며 좋아했는데 모진 운명에 결국 순응을 택했다. 운명에 대항하면 끌려가고 순응하면 마차를 타고 간다는데 꽃마차를 타고 떠났다.

천국은 어떨까? 한국전쟁 때 행방불명된 아버지를 만나 가장 먼저 무슨 말을 했을까. 그보다 어머니께 너무 빨리 왔다고 천국에서 최초로 회초리나 맞지나 않았는지 모르겠다. 그럼에도 불구하고 예의 너털웃음으로 천국이 천국일 터다.

생전에 준비하던 묶음이 유고집이 되고 말았다. 이 글로 고분지통叩盆之痛을 삼키며 삼가 명복을 빈다.

감포항, 희망의 계절

고향 하늘을 닮은 청잣빛 바다. 뒷산 언덕배기에 올라 포구 너머 망망대해를 바라보노라면 단숨에 희망을 노래하는 감포의 바다다.

바다에 의지한 사람들, 바다는 우리네 부지런한 삶, 추호의 의심도 없이 동살이 트기 시작하면 바다의 풍요에 사람들은 생동의 땀을 흘린다. 뭍으로 올라온 만선의 꿈이 어부들 삶에 행복을 선사하고, 어제처럼 또 그렇게 부산한 시간이 지났다. 해가 중천에서 골고루 세상을 비추고, 찰랑대는 물결에 몸을 맡긴 어선들도 곤히 낮잠에 빠졌다. 때때로 상쾌한 계절풍에 맞춰 출렁이는 파도가 잠든 배를 희롱한다.

이토록 아름다운, 이처럼 잔잔한 항구에 쓰라린 역사, 오욕과 치욕이 점철된 포말이 물보라로 울었던 그때를 기억하는 이 몇이나 될까. 애써 잊기조차 힘든 일제강점기, 일제는 천여 명 남짓 살아가던 이곳 감포에 일본 태평양 연안 시코쿠 지방 사람들은 이주시켜 2만 명이 북적대는 계획도시로 탈바꿈했다. 그때부터 대대로 이 바다에 삶을 묻고 살아오던 조선인은 하층민으로 전락하면서 그들이 던져주는 먹이를 감읍하며 받아먹어야 했다. 우리 바다를 유린하고, 민족혼마저 약탈하는 것을 마냥 지켜보아야만 했던 절박한 심정을 어찌 알까. 그런 까닭에 우리네 바다는 기억과 갈망으로 흘린 눈물의 시간이 배어 있다.

눈으로 뱃전을 어루만지며 포구를 걷는다. 안간힘을 쓰며 내리쬐는 태양의 열기에도 신록이 우거진 산에서 시작된 바람에 가을이 묻어 있다. 자연의 순환, 반박의 여지가 없는 진실, 뼈 없는 영혼의 저주가 이 바다를 지배하던 때를 잊는다는 것은 그 증거를 잃어버리는 것과 같다. 걸음을 멈추고 송대말 등대를 건너다본다. 일본인이 우표를 발행하면서까지 극찬을 아끼지 않았던 일출을 기억에서 끄집어낸다. 선현의 노기에 찬 심장인 양 붉은 기운을 몰고 떠오른 태양, 민족의 한이 서린 듯 바다 위를 물안개로 뒤덮었던 일출을 잊지 못해서다.

일본어를 유창하게 해대던 아버지 친구를 부러워했

던 어린 시절이 있었다. 절집 법사와 친일 문제로 다투다가 아버지에 의해 중재가 아닌, 마치 판결처럼 둘을 화해시켰던 그때가 떠올랐다. 더는 일본말 지껄이며 동네 아이들 혼란하게 만들지 말라는 법사의 시비가 일부 승리했을 때 눈을 부라리며 돌아서던 아버지 친구 얼굴이 잊히지 않는다. 그때 아버지 입을 통해서 알았다. 철도 침목 하나하나가 철길 공사에 죽어간 조선인으로 비유되어 그를 통한 절망의 노랫말이 전국으로 퍼져나갈 때, 아버지는 부끄러워 숨죽이며 살았다는 말을 처음 들었다. 일제강점기 문경 탄광촌 일본인 아래서 통역과 서기 일을 봤던 아버지였다. 그날 아버지 뒷모습에서 걸망처럼 걸린 과거의 무게를 느꼈다. 자세한 내용은 커서도 물을 수 없었다. 지금도 경북선 철도를 이용할 때면 불현듯 형상화 되어 가슴이 서늘해지는 경험을 한다.

송대말 등대를 마주하고 선다. 당시 바다를 향했던 불빛은 굴절되어 비추지 않았을까. 일본인 어선에서 막노동으로 하루하루를 견뎌야 했던 우리 조선인들이었다. 이들 눈에 비치던 송대말 등댓불은 마냥 희망이 아니었으리. 밝으면 밝을수록 절망으로 눈이 멀지나 않았을까.

벌집 모양 수탈의 상처가 바다에 남았다. 일본인은

자연석 바위와 바위를 콘크리트로 연결해 인공수족관 수상공원을 만들어 입장료를 받아 챙겼다. 또 등대 아래 송대별관을 짓고 조선총독부 산하 일본 고관 접대 장소로 활용하면서 인공수조에서 건져 올린 물고기로 생선요리를 먹으며 이권을 나눴다.

감포항을 몸으로 지켜낸 송대말 등대를 뒤로하고 꼬부랑길을 따른다. 아무도 관심 가지지 않을 잡풀 우거진 지난한 터, 망부석인 양 바다를 바라보며 처연히 서 있는 자연석 비석을 만난다. 사람 살색을 닮아 내 살갗인 양 아리다. 비석 가운데 세로로 '산신山神'이라 음각하고 그 아래 '대정십삼년칠월이십구일大正十三年七月二十九日'을 새겨 놓았다. 일제가 조선 수탈에 열을 올리던 1926년 7월 29일에 감포항 축조공사에 희생된 조선인 영혼을 달랜다는 명목으로 세운 것이다.

일제는 민족의 혈穴을 끊는다며 태수장군 전설이 숨 쉬는 바위를 폭파했다. 그 앞으로 길을 내고, 그곳에서 나온 돌을 방파제와 감포항 접안시설을 만드는 데 사용했다. 이 대규모 공사에서 강제 부역에 동원된 조선인들이 파편의 희생물이 되고, 돌에 깔렸다. 살아남은 자들은 영양실조에 걸리거나 도망치다 잡혀

죽도록 맞아야 했다. 이들의 한이 하늘에 닿자 흙비가 내리고 태풍이 바다를 뒤집었다. 그런데 비석 하나로 하늘을 위로한다며 잔치를 벌였던 것이다. 갈라진 바위에 전설의 말발굽 흔적이 가슴으로 들어와 낙인처럼 찍힌다.

일본인들은 감포의 조선인 재산을 하나하나 차지했다. 길목이 좋은 신작로 터를 빼앗기 위해 집단폭력도 서슴지 않았다. 삶의 터전을 잃어버린 조선인들은 뒷골목이나 외지로 쫓겨났고, 산허리 아래로 옮겨야 했다. 일본인들이 운영하는 공장이나 어선에서 뼈가 빠지게 일하며 겨우 입에 풀칠하는 것으로 만족해야 했다. 그야말로 코딱지만 한 집 한 채 건사하면 천운이 임했다고 할 지경이었다. 악행을 피해 북간도로 떠나가거나 아예 일본으로 밀항하는 일도 잦았다.

일본인이 살았던 흔적을 찾기 위해 감포 신작로에서 적산가옥이 즐비한 뒷골목으로 접어들었다. '적산'은 일제의 패망과 함께 이 땅에 남겨진 부정적인 유산인 '적국의 재산'을 줄인 말이다. 감포에 적산가옥 40여 채가 남아 있다. 지금은 부산에서 강원도 고성으로 향하는 해파랑길로 명성을 얻고 있지만, 그저 좁아서 정겹고, 옛길이라서 한적하다는 느낌만 든다면 감성의 사치일 터다. 병원 건물, 여관, 별장, 양조장, 통조림공장, 창고, 상가, 조선인 생명수 공동우물, 기운을 다한 목욕탕 굴뚝, 유곽, 일본식 산당山堂, 그리고 어깨를 나란히 기댄 조막만 한 집들을 마치 타임머신을 탄 듯 돌아본다. 다시는 되풀이 되어서는 안 될 아픔의 흔적이라며 사정하는 듯하다.

몰랐다. 감포항이 신라시대 찬란한 유물을 일본으로 밀반출하기 위한 전진기지였다는 사실을……. 지금도 모른다. 우리 유물이 바다 건너 일본으로 얼마나 빠져나갔는지. 경주시에서 감포 해변 나정리로 통하는 4번 국도가 일찍 들어선 것도 이와 무관하지 않을 터이다.

달이 차면 어그러지는 자연의 이치이다. 때늦은 깨달음을 토로하듯 태양을 향해 빛을 쏘아대던 욱일기가 태평양에서 기력을 잃어갈 줄 알았으랴. 일신의 영달을 위해 조국을 등진 이들은 기억한다. 저처럼 파랗게 물든 하늘도 우리 역사요, 묵묵히 서 있는 뒷동산의 우람한 바위도 우리네 유적이다. 하물며 인간임에랴! 공포의 씨앗을 뿌리고, 악명을 떨쳤던 시절도 있었으리. 그러나 '결백한 실패자'란 말이 있다. 실수나 잘못을 자인하는 사람에게 하는 말이다. 역사를 기억하자는 뜻이지 분노를 기억하자는 것이 아닌 까닭이다.

감포항 방파제에 지치지 않고 밀려와 거침없이 부딪치는 파도에 민족의 기운이 담겨 있으리라. 2022년이 감포항 개항 102주년이 되는 해다. 한 세기가 지난 송대말 등대는 수탈의 역사 중심에 선 증거이자 희망의 길잡이다. 등대 뒷모습에서 뼈 없는 시간을 견뎌낸 뒤틀린 상처를 보았다. 바다를 향해 침묵에 들었지만, 과거 아픔을 딛고 꿈의 불빛을 망망대해로 쏟아내는 중일 터다.

바다를 포기하는 민족에게 내일이란 없다고 한다. 만선의 꿈을 안고 바다를 향하는 어부들 삶에 갈채를 보내며, 이 바다에 치욕스러운 역사가 되풀이되지 않기를 바라는 간절함으로 포구를 걷는다.

바다를 향한 송대말 등대 끝, 일본인은 이곳에 송대별관을 짓고 바다에 솟은 자연석 바위를 콘크리트로 연결해 인공수족관을 만들어 입장료를 받아 챙겼다. 조선총독부 산하 일본 고관 접대 장소로 활용하면서 인공수조에서 건져 올린 물고기로 생선회를 요리해 먹기도 했다.(사진제공 : 감포주민)

봄이 갔다

꽃 이파리 바람에 눈처럼 흩날린다. 요염한 아름다움에 도취한 상춘객 위로 날라리 북춤을 추며 떨어진다. 부럽다. 황사 바람에 눈자위가 뻑뻑하고, 목에 이물질로 코팅하며 옥죄는 계절이 후딱 지나가길 바라며 버텨야 하는 최악의 계절이다. 더불어 꽃도 밉상이다. 꽃이 피고, 그렇게 지고, 그렇게 살다 가고, 그러다 바람 불고 비 내리면 금방 삼복더위에 혓바닥 뽑아낼 거면서 그리 야단인지 모를 일이다.

긴 겨울을 버틴 자를 축복하는 척 눈을 미혹하고 춘심을 자극해 짧지만, 삶에 도피처가 되어주는 까닭이리라. 그러나 자기연민에 취해 얄팍한 감동으로 채색하길 마다치 않는, 자아 극찬의 종착지가 망망대해 짠물을 들이켜야 하는 인생이라면 콘크리트 정글에서 황홀경의 갑옷을 벗고 내면의 자아와 결투를 벌여야 할 일이다. 찰나를 영원인 양 환희의 감탄사를 연발하면서, 하늘에 대고 광휘의 찬사를 늘어놓으면서, 허전함을 욕망으로 채우려다 가슴이 앙상해지면 조울증 걸리기에 십상이다. 귀뚜리 울자 화들짝 놀라는 아낙이 될법한 일인가.

"연분홍 치마가 봄바람에 휘날리더라. 오늘도 옷고름 씹어가며 산제비 넘나드는 성황당 길에…"

황사 바람만 불면 귓가에 맴도는 음률과 음성이 언제쯤이면 사그라질까. 해마다 환청처럼 울려댈 가락을 어쩌면 좋을까. 수술받던 그날 믿음을 증명해 보이라고 강요만 하지 말고, 존재를 증명하라며 떼를 쓰자 그야말로 기적이 일어났다. 그러나 차라리 희망을 앗아갔더라면 미련이 덜했을까. 얼마 못 가 생살을 찢는 수술을 또 견뎠지만, 결국 마루타였다. 완치 불가 판정을 받은 후에도 특유의 너털웃음을 잃지 않았던 분이 결국 떠났다. 딸아이에게 출판사를 물려주면서 뭐든지 내게 물어보라고 했다니 끝끝내 과분한 찬사다. 단언컨대 나보다 나를 더 나답게 보아준 이상한 눈을 가진 분이다.

돌이켜보면 어떤 인연이 끝자락을 잡고 있어 6년이라는 주기로 내게 이별을 경험케 하는지 도무지 알 수 없다. 2009년 음악으로 세상과 소통하던 서울의 자명고自鳴鼓 형이 그랬고, 2015년 유물유적을 사랑해 도반의 길을 걸었던 부산의 무용無用 형이 그랬고, 2021년 대구의 구담龜潭 형이 '봄날은 간다'라는 음성을 남겨둔 채 매화 몽우리가 맺힐 무렵 생을 마감했다. 우연인지 필연인지 하나 같이 췌장암이라는 지독한 병마와 싸웠고, 이승의 마지막은 봄을 택했다. 30여 년 전 어머니도 같은 놈이 주는 고통을 오롯이 견디다가 세상에 꽃비가 내리던 그날 그렇게 가셨는데 말이다.

신은 내게 어떤 메시지를 전하고 싶어 이따위 이별을 경험케 하는지 알 수 없지만, 이제 목적 없는 관심을 받아들이기조차 두렵고 서럽다. 죽음을 선고받자 마지막으로 보고 싶다며 서울서 차를 몰아온 자명고 형이었다. 구석진 곳에서 배를 움켜잡고 고통을 참아내던 뒷모습을 떠올리면 여전히 가슴이 옥죈다.

부산에서 힘겹게 걸음 했던 무용 형의 장난기 서린 영상이 여전하다. 앞산에서 내게 술 한 잔 받고 싶다더니 그게 마지막이었다. 술잔을 들어 야금야금 들이킨 후 내 몸에 예쁜 꽃이 자라고 있다고 씁쓸하게 웃었다. 앞산에 핀 진달래를 보면서 막걸리가 자양분이라며 “저놈보다야 예쁘게 피워야지”라는 말에 물기가 묻어 있었다. 그때 모습이 영상이 되어 영원히 삭제될 수 없도록 저장을 강요당하고 말았다.

구담 형과 즐겁게 나눴던 수육에 소주잔을 생각하면 최후의 만찬 독배 같아 속상하고 죄스럽다. 모질게 말렸으면 결과가 달라지지 않았을까. 어쩌다 귀한 술이라도 얻어걸린 날이면 고이 두었다가 나를 위해 뚜껑을 따곤 했다. 술병을 볼 때마다 나를 떠올렸을 형을 생각하면 무엇과도 비교할 수 없는 운치의 미가 완성에 이르렀을 법하다.

이분들과 인연의 고리가 하늘나라에서 어머니 대신 사랑을 전해주려는 신기였을까. 생각해보면 무난한 일상에서 자신의 생을 뚝 떼어내 평화롭게 나눈 분들인 까닭이다. 그래선지 자명고 형 없는 서울의 고궁은 더욱 복작대고, 무용 형 없는 부산 금정산은 더 번잡하며, 구담 형 없는 대구 남산동은 더 야단스럽다. 이 모두 세상의 잡음을 흡수하는 별난 능력을 지닌 까닭이리라. 관심과 사랑을 당연시하며 그것을 받아 삶을 채웠는데, 돌려주고자 하나 막상 가고 없어 어쩔 수 없이 빚쟁이다. 이자를 계산하듯 야금야금 추억을 되새김질하며 인생을 채우려 애를 쓰지만 대상 없는 공허함에 막걸리만 축낸다.

슬픔의 시간이 결코 추억이 될 수는 없다. 골목길을 소외감에 진저리 치며 걷는다. 둘이서 즐겁게 걷던 골목에 보이는 건 앞을 가로막는 주차된 차들뿐이고, 들리는 건 인쇄기 돌아가는 소리가 장송곡을 반복하고 있다. 함께 드나들던 주막 앞을 지날 때 안이 시끄러울수록 외롭고 서운하다. 당장이라도 문을 열고 “어데가노?” 할 것만 같은데 환청이 들렸다. 형수와 딸이 반겼다. 눈은 반가움이 그득한데 얼굴 반을 가린 마스크가 슬프다. 긴 세월에도 씻기지 않을 눈물과 회한을 깨물고 있으리라. 내 눈과 마주친 딸아이 눈망울이 우물처럼 변해갔다. 서둘러 골목을 벗어나야 할 일이다.

유난히 앞서간 분의 갈채가 그리운 요즘이다. 옆에 있다면 이 꼬락서니에 대고 뭐라고 했을까.

아무짝에도 쓸모없지만 66세까지만 살게 해달라고 삶을 애원하며 신명 나게 두드리는 무용 형 북장단에 생명이라는 공통분모가 있음을 알았다. 술을 맛나게 마시는 법은 결국 사람이라며 구담 형의 뚝뚝 흐르는 정을 다 주워 담지 못해 버거워했다.

그렇게 봄이 갔다. 눅진한 더위로 지겹도록 고문을 해대던 여름도 매미의 발악과 함께 물러나고 있다.

황사에 눈병 날일 없고, 복날 더위에 지칠 일 없는 가을의 노을을 마주하고 섰다.

인생 역시 애증에 목말라할 일 없고, 시기와 질투에 가슴 쥐어짤 일 없는 계절이다. 그럼에도 불구하고 잦은 눈물이 무엇을 의미 당하는지 알 길이 없으나, 쓰라린 이성만이 패배의 잔을 들어 목을 축인다.

높고 새된 아이들 소리가 가슴을 뚫고 지나간다. 고독하다는 뜻이자 늙어간다는 증거다. 서릿바람이 불면 긴 겨울잠에 들일 만 남았는데, 노욕의 자극 결핍증에 노출된 작금에도 정작 작은 갈망조차도 없는 변덕이 문제다.

“사람은 가고 없어도 꽃은 흐드러지게 피었더라!”

이웃 빈 농장에 들렀다가 돌아온 장모 말이다. 순환이라는 고리가 무한히 이어지는 세계를 살면서 오고 가고 또 떠나보내지만 현실을 마냥 받아들이기 녹록하지 않다. 글쎄다. 남은 생에 분리수거할 것이 있을까. 미련한 애착이 또 부채질이다. 그러나 막상 녹슨 현실은 녹물만 흐르게 한다. 황사라도 좋으니 봄이 그립다!

구담 형은 장구를 즐겨 쳤고
무용 형은 북을 두드렸다.
가장 먼저 떠난 자명고 형은
내게 팝을 들려주었다.

일러스트 / 봄의 소리

봄이 싫다.

불편한 것이 한둘이 아니다.

황사가 뿌옇게 세상에 깔리면 목이 따끔거리는 것은 아무것도 아니다. 기관지가 엉망이라 킁킁대는 콧소리로 인해 남들 이상하게 바라보곤 한다.

속눈썹이 유난히 짧은 탓에 꽃가루가 자주 찾아들어 안과 의사 좋은 일만 시킨다. 기관지와 한꺼번에 올 때면 거의 미칠 지경이다.

그럼에도 불구하고 좋은 사람과의 대화가 화려한 꽃향기보다 훨씬 오래 머물도록 입력된 소프트웨어가 있어 다행이라는 생각이다.

3월 말부터 4월 초순이면 물빛, 꽃비, 한적함이 더하면 시각적 효과보다 감성적 효과가 날뛰게 한다.

봄 가뭄이 심각한 요즘 푸석푸석한 얼굴, 어깨는 힘이 빠지고 몸은 한없이 처진다. 눈은 가물거리며 힘들어하고 콧물이 마를 날이 없는 감기에 편두통까지 힘들게 한다.

그러나 여전히 돌아다닐 궁리만 하는 나. 현실은 그런 내 발목을 잡는다. 이불 둘둘 말아 머리 박은 채 엉덩이 하늘로 한껏 올리고 대상 없는 욕지거리만 해 댄다.

지나간 것은 모두 아름답다고들 한다.
오래전 광고주 의뢰로 봄을 맘껏 발휘 해 보았다.
유화물감에 제소 마음껏 섞어 나이프로 찍찍~~
보고 싶은데 먼 이국땅 시카고로 시집 보내버렸다.

중국 1000년의 역사를 보고 싶다면 북경을 보고, 3000년의 역사를 보고 싶다면 낙양을 보고, 5000년 역사를 보고 싶다면 시안西安을 보라는 말이 있다. 장안長安으로 익숙한 시안은 동서 문화 교류에 중요한 역할을 했고, 진나라, 당나라 등 중국 13개 왕조 수도로 83명의 황제가 이 도시를 거쳐 갔다. 웅장한 고대도시의 위용을 보여주는 병마용은 1974년 우물을 파던 농부에게 발견되면서 세상에 드러나게 됐다. 영혼 불멸을 꿈꾸던 진시황제가 사후 자신의 무덤을 지키기 위해 흙으로 병사는 물론 말을 빚어 도열해 놓은 장엄한 현장이다. 인간의 욕망이 얼마나 허무한 것인지 잘 보여주는 사례라 할 것이다.

자전거 타는 소년

어둠이 마당 끄트머리 능금나무 그림자마저 먹어버렸어. 아이 어머니는 내색하지 않으려고 애를 썼지만, 대문에서 인기척이라도 나면 눈가에 긴장의 촉수를 돋우곤 했지. 해거름부터 주위에서 알짱거리던 불안이 아이 가슴으로 쿵쿵 발소리를 울리며 들어왔어.

지루한 기다림의 시간이 지나고서야 어둠을 짊어진 아버지가 마당으로 들어섰어. 그런데 아버지는 빈손이 아니었어. 커다란 자전거 한 대가 멈칫멈칫 아버지 손에 이끌려 들어왔어. 마당 한 귀퉁이에 자전거를 세운 아이 아버지는 긴 숨을 몰아쉬며 사랑방으로 들어갔어. 문이 채 닫히기 전 어머니가 뒤따라 들어갔지. '텅!' 하고 문이 닫히자 아이 마음에는 별을 향해 평안한 밤을 기원하는 종이 울렸어. 그러나 결국 물기 묻은 어머니 목소리가 새어 나왔어.

아이 아버지는 Y군에서 붓글씨 잘 쓰기로 이름이 났어. 읍내 관공서나 문화원에서 다투어 액자에 걸어 둘 만큼 글씨를 잘 썼지. 아침 일찍 검은 승용차 한 대가 하얀 두루마기를 입은 아버지를 모셔갔어. 아버지께 당신들 가문 문집에 표지와 인사말 글씨를 대필 받기 위해서였어. 그만큼 글씨로 인기가 높았지. 그러나 그 수고로 받은 돈봉투는 온전히 집에까지 돌아오는 법이 없었어. 어머니는 아버지가 늙을수록 봉투의 두께가 점점 얇아진다는 사실을 알고 있었어. 술을 좋아했던 아버지는 집에까지 오면서 술집마다 통행세를 내듯 돌아왔기 때문이야.

아이가 귀를 쫑긋 세워 사랑방을 향했어. 아버지는 자전거 때문에 늦었다고 하는 것 같았어. 궁핍해도 남에게 아쉬운 소릴 하거나, 삽자루 한번 잡아본 적 없는 자칭 양반가의 자손이었어. 곱디고운 손을 가진 아버지가 타지도 못하는 자전거를 하얀 두루마기를 입은 채 끌면서 십 여리 걸어왔다고 하지 뭐야. 막내아들 주려고…. 진실을 알면서도 어둠 속에서 침묵을 지키고 있는 자전거는 기골이 장대한 개선장군처럼 보였어. 아이 다리가 짧아 안장에서 페달에 발이 닿지 않지만, 연습하면 중심을 잡을 수 있을 것만 같았어.

아이는 다음날부터 자전거 앞뒤 바퀴 중간에 오른쪽 다리를 집어넣어 페달을 밟은 채 중심 잡는 연습을 했어. 잘 다져진 넓은 학교 운동장에선 아이 마음대로 움직일 수 있었어. 넘어지지 않으려면 적당한 속도를 유지하며 멈추지 않고 앞으로 나아가야 한다는 것쯤은 깨달았지. 하지만 막상 실전에 돌입하자 온갖 장애물이 기다리고 있었어. 빨아들이듯 움푹 들어간 개천, 어딜 감히 하며 막아서는 담장과 하늘로 치솟은 전봇대가 위협했지. 사람을 피하다 바닥에 뒹굴기도 했었어. 그렇지만 아픈 경험은 헛되지 않았지. 방향과 다양한 길을 달리기 위해서 요령이 필요했어. 늦추고 멈출 때, 때론 더 빨리 달려야 할 때를 알았지. 사계절이 바뀌면서 아이의 성장 속도보다 자전거가 빨랐어.

어느 봄날, 집에 큰일이 일어났어. 부모의 희망이던 형이 느닷없이 솔개로 변해 애면글면 모아둔 재산을 낚아채 도시의 빌딩 숲으로 숨어버렸어. 충격으로 마루에서 목을 늘어트린 채 움직이지 않던 어머니 모습은 아이 가슴에 박혀 지워지지 않았어. 그때부터 빚쟁이들 독촉이 이어졌어. 웃음기가 사라진 집에는 늘 어둠이 가득 내려앉아 있었고, 한숨 소리가 판소리 가락으로 변해 늘어지곤 했어. 잠자리에 들어도 잠들 수 없는 날들, 빈 소주병이 늘어나는 만큼 아버지 눈빛이 점점 흐리게 변해가고 있었어. 그때부터 누더기로 꽁꽁 싸맨 채소 보따리가 어머니 모습이었어. 남은 가족 굶기지 않으려 채소벌이를 시작한 거야.

어느 날이었어. 저녁을 먹은 후 아이에게 아버지로부터 내일 새벽부터 군청 앞 신문지국으로 나가라는 엄명이 떨어졌어. 아이는 그때서야 아버지가 신문을 돌리게 하려고 자전거를 끌고 왔다는 것을 알았어. 열한 살이었지만, 응석부릴 나이가 지난 것을 실감하고 있었지. 아이가 막 터지려는 울음을 참으며 밖으로 나왔어. 아이 눈에는 자전거가 원수처럼 보였어. 아이 마음을 아는지 자전거도 어둠 속에서 잔뜩 움츠리고 있었어. 화가 난 아이가 발로 자전거를 힘껏 밀자 비명을 지르며 쓰러졌어.

그러나 아이는 몇 년 후 자전거를 안장에 똑바로 앉아 탈 때쯤에서야 알았어. 때마침 형의 저지레로 헝클어진 집안은 고사리 주먹이라도 빌려야 할 만큼 절박했기 때문이야. 집 형편이 어려운 것을 안 아버지 친구가 아내를 통해 어머니에게 매달 도움을 주고 있었던 터라, 아버지로서는 모른척할 수 없었던 거야. 친구가 때마침 신문지국을 운영하고 있었지. 이처럼 아이는 자전거와 함께 잘 자라고 있었어.

아이는 새벽마다 호들갑을 떨기 시작했어. 신문을 돌리는 것을 재미있게 생각하려고 노력했지. 시골 장으로 채소를 팔러 떠나는 어머니 채소 보따리를 버스 정류장까지 실어서 날랐고, 자전거에 몸을 싣고 새벽을 갈랐어. 앞만 보고 달려가며 집안에 드리워진 어둠을 밀어내고자 노력했어. 그러자 어머니 얼굴에 숨어있던 그늘이 조금씩 걷히고 있음을 알 수 있었어. 자전거는 튼실한 모습만큼 벗이자 삶의 일부였지. 자전거는 아이가 꿈을 잃어버리지 않게 역할을 다하고 있었던 것이야. 더불어 아이 희망과 꿈의 속도에 맞춰 달려주었고, 넓은 세상으로 나아가게 힘을 실어주고 있었어. 때론 어려운 일도, 가파른 언덕을 오를 힘과 용기도 주었지.

2월의 어둑새벽이었어. 하늘에 별들이 바들바들 안간힘을 쓰고 있었지. 때마침 뒷마당에 수탉이 홰를 치며 별을 향해 어서 하늘에서 사라지라며 재촉하는 듯했어. 그러자 멀리서 장단을 맞춘 화답이 하늘에 메아리쳤었어. 별은 태양 빛을 빌어 시나브로 몸을 숨겼어.

부스스한 새벽어둠을 뚫고 나선 길, 아이와 어머니

는 앞서거니 뒤서거니 자전거에 발을 맞춰 걸었어. 온전히 새벽잠을 떨치지 못한 모자는 말이 없었어. 그때 어머니가 목에 감긴 목도리를 풀어서 아이에게 감싸주려 했어. 아이는 머리를 살짝 틀어 피했어. 아이는 알았어. 어머니가 일을 많이 해서 겨울만 되면 손가락 끝이 갈라져 연고를 바르는 것을…. 아이는 그때마다 가슴 아팠어.

시골 오일장을 찾아 채소 장사를 떠나던 그날도 아이 어머니 손끝은 성한 곳이 없었어. 아이는 전날 미리 싸놓은 보따리를 풀고 어머니 요구대로 채소가 다치지 않게 차곡차곡 더 담았어. 그러자 아이 이마에 새벽바람을 이겨낸 땀방울이 송골송골 맺혀왔어. 아이가 보따리를 자전거 뒤에 싣고 단단히 묶었어. 굵고 둥근 쇠막대를 앞 동태와 손잡이에 덧댄 짐바리 자전거마저 무게를 이기지 못해 뒤로 넘어갈 기세였지만 문제가 되지 않았어.

아이가 털털거리는 시골행 버스에 채소보따리를 실어놓고 돌아오는 길이야. 때마침 신문이 나오지 않는 날이라 몸도 마음도 새털처럼 가벼웠지. 그러자 자전거도 신이 난 듯 아이가 아니라 자전거가 달렸어. 다리를 건너고, 산 밑을 지나고, 냉기 감도는 저수지를 지났어. 이어서 철길 옆으로 난 작은 둑을 따라 달리기 시작했어. 그때였어. 석탄을 실은 열차가 괴음을 울리며 다가왔어. 아이 눈에는 검은 무쇠 덩어리가 빚쟁이들이 집으로 들이닥치는 듯했어. 아이가 도망치듯 달렸어. 그러나 자전거가 기차보다 빠를 수는 없잖아. 아이 옆으로 기차가 지나칠 땐 "꽤~~액!" 하고 더 길게 굉음이 울렸어. 마치 오늘은 봐준다는 소리로 들렸어. 아이는 오기가 생겼지. 그래서 열차를 따라잡기 위해 달렸어. 그러나 얼마 못 가 철교 난간이 가로막지 뭐야. 약 올리며 사라지는 열차 꽁무니만 바라보다 가물가물해질 즈음 되돌아오기 시작했어.

아이가 방금 본 잔상에 몸을 맡기고 눈을 감았어. 힘차게 자전거 페달을 밟았지. 호기롭게 두 손도 놓아버렸어. 순간 몸이 허공을 날고 있다는 느낌이 들어 눈을 떴어. 새벽하늘이 붉게 물들고 있었고, 산비탈에 하얀 건물의 아이가 다니는 학교가 보였어. 그리고 살얼음 낀 실개천에 자전거와 함께 처박고 말았어. 바짓가랑이가 축축이 젖어 들었고 무르팍이 아파왔어. 그러나 이상했어. 참 편안하다는 생각이 들어 눈을 감았어. 그때 오른쪽 눈가에 끈끈한 액체가 흘러나오고 있었어. 손바닥으로 문질러보니 피였어! 눈 옆 깊게 팬 상처에서 아침 태양 빛이 스며든 붉은 피가 퐁퐁 솟아났어. 아이가 내의를 찢어 상처 부위에 눌렀어. 긴 겨울잠에서 깬 개구리 한 마리가 '폴짝!' 뛰며 놀렸어. 벼가 뎅강 잘려 나간 논바닥에선 파릇한 새순이 돋고 있었지.

아이가 자전거를 보니 앞 발통의 굵고 둥근 무쇠가 굽어 있었어. 아이는 절룩거리며 한 손으로 자전거 손잡이를 잡고 한 손으로 눈자위를 누른 채 걸었어야 했지. 타원으로 꾸불꾸불 굴러가는 자전거 앞바퀴를 보자 우습다는 생각이 들어 실실 웃음이 새어 나왔어. 자전거가 아이를 놀리는 것 같았지. 신작로가 가까워졌어. 버스 한 대가 탈탈거리며 앞쪽으로 다가왔어. 이런 젠장! P 면으로 가는 버스였지 뭐야. 버스가 옆을 지날 때 아이는 보았어. 두 손을 창에 댄 채 금방이라도 차에서 뛰어 내릴 것 같은 어머니를…. 버스는 어머니 놀란 표정만 남겨둔 채 그렇게 가버렸어. 하루 종일 가슴아파할 어머니를 생각하니 아이는 속이 상했어.

*

밤부터 비가 내리고 있었어. 잠결에 듣는 빗소리는 아이를 더 깊은 잠으로 몰아갔어. 어머니 역시 비 핑계 삼아 그동안 쌓였던 피로를 잠으로 몰아내고 있었어. 그러나 먼데 산사에서 범종이 울리는 것과 동시에 새벽이면 집을 깨우는 아버지였어. 고저단장 없이 반복되게 아이를 부르는 아버지 목소리를 견딘다는 것은 실로 대단한 끈기가 필요했어. 우산까지 받쳐 든 아버지는 그날따라 더 집요했어. 신문 지국에 늦지 않게 하려고 아이를 깨우는 아버지를 말릴 수 없었어.

주섬주섬 어둠 속에서 옷을 챙겨 입은 아이가 밖으로 나오자 새벽어둠이 짙게 깔려 있었어. 추적추적 무겁게 비가 내리고 있어 여명은 안간힘으로 버티는 어둠을 밀어내지 못하고 있었어. 자전거 안장에 빗물이 축축이 고여 있어 아이가 대청에 놓인 걸레로 대충 문질렀어. 그리고 힘차게 페달을 밟자 가랑이 사이로 빗물이 스며들었어. 그제야 아버지 사랑방 문 닫는 소리가 들렸어.

아이는 한 손으로 우산을 받쳐 든 채 용케 골목을 빠져나왔어. 축축하게 젖은 신작로가 눈앞에 펼쳐졌어. 더불어 가로등 불빛에 반사된 바닥이 빛을 내고 있었어. 어둠이 먹어 길 끝이 보이지 않아. 우산을 자전거 앞에 끼우고 고개를 들자 얼굴에 떨어지는 빗방울이 상쾌했어. 벌써 5월인가? 빗물이 볼을 타고 입으로 흘러들었어. 목을 지나 가슴을 타고 배로 들어가자 마치 뱀이 몸을 감고 내려가는 듯 파르르 소름이 돋았어.

비 오는 날 신문 배달은 고역이었어. 신문이 비에 젖지 않게 비닐로 덧씌워야 했고, 신문을 던질 때도 빗물이 없는 곳에다 정확해야 했어. 그래서 시간이 두 배로 걸렸어. 그렇게 육십여 곳을 돌고 나면 아이는 허기가 졌어. 하지만 아침밥도 제대로 먹지 못한 채 허겁지겁 학교에 가야 했지. 그나마 튼튼한 자전거가 있어서 지각은 면할 수 있었어.

화사한 봄이 찾아왔어. 골목 한 굽이돌자 문득 라일락 향기가 아이를 유혹했어. 담장 너머 핀 보라색 꽃가지를 꺾어 장독대 항아리 뚜껑에 꽂아 두었어. 아이는 꽃 꺾기를 멈추지 않았어. 자전거 안장에 올라선 채 까치발로 덩굴장미를 꺾다가 가시에 찔려 자전거와 함께 나자빠지고 말았어. 요란한 소리에 우람한 어른이 뛰쳐나왔어. 왜 남의 집 꽃을 꺾냐며 귀싸대기 한 대 제대로 얻어걸렸지만, 아이는 울지 않았어.

그렇지만 새벽이면 의식을 치르는 어머니를 위해

멈추지 않았어. 새벽마다 정화수 떠 놓고 빌던 어머니의 간절한 바람을 아이가 가져다 놓은 꽃가지가 응원하고 있었기 때문이야. 절박함 속에 새싹 같은 희망이었어. 부모 가슴을 짓밟고 도시의 하이에나가 되어 방황하는 큰형을 위한 기도란 것쯤은 아이도 알고 있었어. 부모 마음이란 그런 것이야.

어머니와 아이의 정성이 형에게 닿은 것일까? 라일락 향기가 골목을 가득 메웠을 때야. 탕아였던 형이 3년이 지나 돌아온 것이야. 비록 몰래 가져간 돈은 다 써버렸지만, 그래도 어머니는 형을 부여안고 잘 돌아 왔다며 울었어. 형도 잘못했다며 눈물로 용서를 빌었어. 담장 뒤의 아이 눈에도 뜨거운 눈물이 흘렀어.

* 옛글 '꿈을 응원하다', '꽃서리'를 각색해 동화로 꾸며보았다.

논틀밭틀 양지에 솜털이 송송 난 할미꽃
햇살이 좋아 '사장군치기' 놀이를 떠올리며 놀았다.
니 씨에미 마빡 왕당그랑 뚝딱
니 씨누이 마빡 쌍당그랑 뚝딱
니 씨고모 마빡 꽁당그랑 뚝딱
니 씨할미 마빡 호랑호랑 뚝딱
이렇게 해서 옛날 며느리들이 시집살이에 맺힌 한을 풀곤 했다.
(사장군치기 출처 : 이규태 《한국인의 의식구조》, 조선일보)

매일 꿈을 꾼다

내용은 정확하지 않지만 돌아가신 아버지 어머니도 나타나고, 간혹 죽은 형님도, 큰매형도, 물고기도 보인다. 어딜 열심히 가는데 목적지가 기억이 없다. 답답하고 복잡한 골목에서 출구를 찾지 못해 애를 쓰다가 잠에서 깨곤 한다. 마치 작금의 삶을 이야기하는 것 같다.

여행이라도 훌쩍 떠났으면 하는데 내 속에 또 한 놈이 사치라고 질타한다. 새해라곤 하지만 돈 되는 일은 없고, 돈 쓸 일만 외상장부처럼 살아나 살이 되어 박힌다. 뒤죽박죽된 꿈, 나르시시즘 환상, 재차 확인한 현실도피에 대한 당위성, 콘크리트 도심에서 싸움을 포기한 존재를 확인하면서 나아갈 길을 찾는다.

유일한 길, 타락한 아름다움 쾌락을 좇는다? 그러다가 무가치함을 발견하면 공허한 가슴을 안고 발길을 돌리게 될 것을 나는 안다.

본연本然이 기질氣質에 가치를 정복당할 수 없다.

인연

5년여 전, 지방정부 의뢰로 '노포, 사람을 그리다'라는 책을 쓴 적이 있다. 당시에 취재했던 문경 동로면 이발관 이야기다.

왕복 2차선 도로, 파란 슬레이트 지붕의 단출한 건물이 시골에 딱 하나뿐인 이발관 모습이었다. 주인장은 10대 때부터 서울에서 이발 기술을 배워서 가정을 이루고 고향으로 내려와 삶의 터전을 잡았던 분이다.

2021년 체험마을 취재차 다니다 지나게 되었다. 아서라! 인적은 간곳없고 스러져가는 건물만이 창고로 변해 있다. 행복했던 꿈에서 막 깨어난 듯 허전함이 밀려들었다. 참 후덕한 모습이었는데 건강하리라 믿고 허전한 발길을 돌렸다.

여행을 하거나 취재를 다니다보면 지나간 길이고

지나간 건물인데 간혹 모습이 변하고 사람도 바뀌곤 한다. 그때마다 왠지 모를 미련이 따라다녀 가슴이 짠하다. 가고 오고, 또 오고 가는 게 삶이라지만, 그때마다 굳건한 좌표에 작은 상처가 중첩되며 갈라지는 소리를 낸다.

인연이란 거미줄 같아서 어딘가 줄을 치면 또 서로 얽히게 된다는 데, 어디서 무엇이 되어 다시 만날지 도무지 믿을 수 없다.

취재 중 밭에서 일하는 아내의 목소리가 전화기로 들렸다.
요령 부리지 말고 대충 끝났으면 달려오라고…
그때 씩 웃으며 멋쩍어하던 모습이 잊히지 않는다.

5월은 번잡한 달

송홧가루 날리면 아하… 하고 느낍니다. 길을 걷다가 목구멍이 따끔거리면 벌써 5월입니다. 내 어미 생각으로 가슴이 저리면 5월이 왔음을 압니다.

각각 화려함을 자랑하던 꽃도 저물고, 라일락 향기가 골목에서 사라지면 아하… 5월입니다. 외출 시 입을 옷이 마땅찮으면 5월입니다. 나도 모르게 가끔 짜증스러우면 틀림없는 5월입니다. 계절 같지 않은 계절, 폭서의 땟국물이 묻은 햇살이 성큼 다가와 호시탐탐 노리는 달입니다.

누구는 계절의 여왕이라 하지만 2월보다 못한, 번잡하기 이를 데 없는 참 쓸데없는 달입니다. 대신 제게 짧은 2월은 애첩 같은 달이랍니다.

어머니

어릴 적부터 늘 꿈꾸어 오던 것을 한 번에 접는다는 것은 실로 힘든 일이었다. 지금도 그 길을 가지 않은 데 대한 미련이 남아 있다. 그때 조금만 더 용기를 내었더라면 하고 후회하곤 한다. 그러나 세월에 사그라지다 점차 한낮 꿈으로만 가슴에 남아 그마저도 소멸해가는 듯하다.

목구멍이 포도청이라, 내 의지와 상관없이 그 꿈을 접어야 한다는 사실이 괴로워 한동안 자학하듯 술과 방탕한 생활로 보냈었다. 그리고 처음 사회에 첫발을 내디딘 곳이 어느 출판사였다. 그러나 얼마 못 가 출판사가 경영난으로 문을 닫게 되었다. 첫 직장이라는 애착이 남달라 내 힘으로 살려 보리라 정신없이 뛰어다녔지만 허사였다. 그 열정을 지켜보던 어느 분이 내게 동업을 청해왔다.

모질게 추운 어느 겨울날, 다섯 명으로 시작한 작은 회사는 정말 발바닥에 땀이 나도록 뛰어다녔다.

그 정신에 하늘이 감복하였는지 회사는 점점 번창해 갔고, 직원도 스무 명으로 늘어났다. 앉으면 눕고 싶고, 말 타면 종 부리고 싶듯, 옛날 잊혔던 꿈이 되살아나며 허영에 찬 지적 그리움이 발동하기 시작했다.

이 년 뒤, 잘 나가던 회사를 버리고 옛길을 향해 걷기 시작했다. 그러나 그 길은 고독했으며 힘들었다. 아무도 알아주지 않는 현실에 좌절하며 실망했다. 한계점을 미리 알아버린 탓일까? 그럴듯한 말로 포장하여 나를 혹사했다. 그러다 어느 날 문득, 아침에 일어나 거울에서 행려병자의 모습을 보았다. 얼굴엔 온기 하나 없는 황량한 빈터 같은 까칠한 질감, 더불어 꿈도 없었다. 정열은커녕 희망의 가느다란 빛조차 보이질 않았다. 자기연민에 빠진 낡은 청춘만 남아 있을 뿐이었다.

또다시 주독에 빠져 도시의 하이에나인 양 번쩍이는 불빛을 찾아 거리를 어슬렁거리며 세월을 보냈다. 아마도 그쯤에서 죽음을 생각해 본적이 여러 번 있었다. 그러나 살아갈 용기는커녕 죽을 용기도 없었다. 서서히 자살을 택하고 있지 않았을까. 문득 내가 사라지고 없는 세상, 그 빈자리를 누가 메워 줄 것인가를 생각하니 제일 먼저 어머니가 떠올랐다.

잔잔한 얼굴, 고개를 옆으로 살짝 기울여 슬픈 눈망울로 나를 바라보는 어머니를 그려내자 견딜 수가 없었다. 작업실 내 꿈을 빙자한 욕망의 흔적들을 부수기 시작했다. 마음을 허무는 것이었고, 미련을 버리는 것이었고, 지금까지 이상을 불태우는 행위였다. 트럭으로 한 대의 분량이 사라지고 난 뒤 텅 비어있는 그 공간도 미련 없이 버렸다. 몸에 묻은 물감의 냄새도 깨끗이 지워 버렸다.

그리고 그날 저녁 열병을 앓기 시작했다. 남아있는 미련 때문이 아니라 수돗물을 끓이지 않고 그냥 마신 것이 탈이 났던 것이다. 부모님이 물려주신 내 몸을 마음대로 혹사한 벌이라 생각했다. 아무도 찾아주는 이 없었다. 미음 한 그릇 만들 힘조차 없었다. 전화마저 끊겨버린 그날 이후 일주일을 그렇게 버텼다. 이러다 죽겠다는 생각을 여러 번 했었지만 살아야 한다는 생각도, 죽어야 한다는 생각도 없었다. 실로 텅 빈 세계를 경험하고 있었다. 얼굴에 핀 열꽃이 점점 썩어간다고 생각했다.

지독한 더위 속에 손가락 하나 움직일 힘도 남아있지 않았다. 바위 힘으로 짓눌려오는 눈꺼풀, 이러다 다시는 깨어나지 못할 수도 있다는 생각이 들었다. 영원히 잠든다는 것이 이런 것인가 했다. 그리 나쁠 것 같지도 않았다. 문득 마지막으로 살아왔던 세상을 보고 싶었었다. 실눈을 떴다. 희미하게 어머니가 보였다. 어머니 꿈이 내 머릿속에 잔상이 되어 나타난다고 생각했다. 어렴풋이 고향집 장독대가 보이고 사락사락 어머니 한복 치마 겹치는 소리가 들려왔다. 듣기 위해 눈을 감았다. 어머니의 다정한 음성이 현실처럼 들렸다. 눈물이 흘렀다.

살아있으리라곤 생각하지 못했다. 손바닥에 거친 감촉이 따뜻하게 전해졌다. 순간의 접촉, 처음 기억이라고 시작할 때부터 내게 가장 친숙하고 정겨운 촉감이었다. 눈을 떴다. 천정의 형광등 불빛에 눈이 부셨다. 내 손을 꼭 잡은 어머니는 마른 눈물 자국을 한 채 엎드려 잠이 드신 게다. 그렇게 또 한 번 어머니 가슴에 생못을 박고야 말았다.

숨이 막 넘어갈 즈음 그동안 꿈자리가 뒤숭숭하다며 나를 찾아 먼 길을 오신 거였다. 어머니로 인해 다시 태어났다. 효도라곤 한 번도 해 본 적이 없는 놈이 다정다감한 언사도 없었다.

"엄마"

이렇게 한 마디 부른 것이 전부다. 어머니는 내 얼굴을 비비며 눈물을 흘렸지만 부끄러워 피해버렸다. 그렇게 멋대가리 없는 놈이 나였다.

그런 일이 있고 난 후 어머니의 지극 정성이 통했는가? 몇 달 후 지방에선 제법 잘 나간다는 회사 홍보실에 입사하게 되었다. 배운 것이 도둑질이라 일에 제법 재미가 붙었고, 그동안 꿈도 꾸어보지 못한 울

100% 양복에 넥타이를 매는 일이 즐거웠다. 겨울이면 멋진 바바리코트가 내가 되었고, 명절을 맞아 고향에 내려가면 맨발로 반기는 어머니가 좋았다.

입사 이 년이 지나갈 무렵 갑자기 연락도 없이 어머니가 사무실 문을 열고 들어섰다. 광고기획 전문 사무실의 세련된 책상과 하이테크 의자, 초현대식 공간에 자그마한 체구의 연두색 저고리와 보라색 한복 치마, 머리에 옥비녀를 찌른 어머니가 보따리를 이고 나타났던 것이다. 당황스러웠다. 사무실 여직원이

"할머니 어떻게 오셨어요?" 하고 물으니,

"쟈 만나러 왔니더" 하며 손가락으로 나를 가리켰다.

얼굴이 홍당무처럼 붉어졌다. 전화해서 밖에서 만나도 될 일이고 아니면 미리 전화를 주셨으면 버스 정류소까지 마중도 나갔을 터인데, 소식 한 장 없이 무거운 짐을 한 보따리이고선 갑자기 사무실에 들이닥친 것이다. 꾀죄죄한 어머니, 늙어 꼬부랑 할머니가 된 내 어머니 모습을 부끄러워했다. 기실 어머니께 죄송하고 바쁜 사무실 직원들에게 미안했다. 그러나 나도 모르게 튀어나오는 말,

"어? 엄마!"

사무실 직원들이 와르르 웃음을 터트렸다.

어머니는 머리에 인 보따리를 힘겹게 내려놓곤 연신 허리를 굽혀 죄송하다며 인사를 했다. 상황을 파악 한 부서장이 다행히 재빠르게 어색한 분위기를 모면케 해 주었다. 구두를 고쳐 신고 빠른 걸음으로 어머니를 맞이하며 어머니 거친 손을 부여잡았다. 그리고는 사무실 한 가운데 회의용 탁자에 자리를 내어 앉으라 하며 차 한 잔을 청했다.

어쩔 줄 몰라 하는 나를 보더니,

"이리와 어머니께 큰절 올려라!"

어머니는 사래짓하며 보따리를 풀기 시작했다. 보따리 속에는 두 홉 소주병에 담긴 참기름 다섯 병, 고사리 말린 것 십여 타래, 산나물, 호박 썰어 말린 것, 토란 줄기 말린 것, 피마자 잎 말린 것을 비롯해 우리 집 귀한 손님에게만 내는 산사과 술 두 병이 쏟아져 나왔다. 순식간이었다. 사무실 회의용 책상이 시골 장터를 방불케 했다. 직원들의 눈이 휘둥그레졌다. 이 많은 것을 자그마한 몸으로 홀로 이고 걷고 해서 버스를 타고 오셨던 거였다.

"내 자식 놈을 맡겨놓고 한 번 찾아온다는 게 이리 늦었니더. 아무래도 인사는 드려야 하는데 가져올 것은 없고 해서, 집에서 모아 둔 것 몇 낱 가져 왔니더. 보잘것없지만 이런 도회지선 잘 먹기 힘든 것일 수도 있어 가져온 게니 직원들 나누어 드시고 우리 아들놈 잘 좀 갈차주소! 자는 배운 것도 없고, 능력도 보잘 것 없지만 시키는 일은 잘 하니더. 그러니 잘못하면 마이 나무라주시고, 모질게 해서라도 배우게 해주소!”

어머니가 사무실을 급습하게 된 긴 변, 대충 기억을 떠올리면 이런 내용이었다. 부족한 아들놈이 걱정되어 아무래도 마음이 놓이지 않았던 것이다. 그날 부서장 안내로 아드님이 앉아 일하는 책상이라며 내 책상에 앉았고, 내가 만든 작품이라며 보여 주었다. 그리고 아무 염려 말라는 부서장의 말에 어머니는 다소 안심하는 듯했다.

어머니 덕분으로 조퇴란 것을 하게 되었다. 해가 중천에 떠 있을 때에 퇴근한다는 사실이 신기했다. 당직 근무서고 다음 날 아침 퇴근 할 때면 내 자취방을 찾아드는 그 길들이 생소하고 그랬는데….

오랜만에 효도란 거 한번 해 보자 싶어 맛있는 것 사 드린다고 잡아끌었으나 쓸데없이 무슨 데 돈을 쓰냐며 한사코 거부하는 어머니를 이길 수 없었다. 자취방으로 돌아와 어머니가 손수 만든 된장찌개에 따뜻한 저녁을 먹었다. 그날 밤 어머니는 나와 나란히 누워 잠을 청했지만, 어머니는 한 숨도 주무시질 못했다. 사무실에서 타준 생전 처음 마신 커피가 효과를 발휘한 것이다.

일 년 전 아버지 돌아가신 후 고향집에 홀로 사는 어머니는 아침 일찍 집에 두고 온 개가 걱정이라며, 그놈도 살아있는 생명인데 밥은 먹여야지 하며 서둘러 떠났다.

30년이 훌쩍 넘은 추억이다. 여전히 어머니의 품속에서 살고 있다는 생각에 한편으론 그리움에 사무치고 가슴에선 뜨거운 무엇이 치밀어 오른다.

자유가 활개 치면 가지지 못한 자들 본능이 소멸하고
자유의 바람이 숨죽이면 흐르는 자의 생명이 소멸한다.
한바탕 인생과 뒹굴었더니 숨어서 쉬고 싶다.
단테의 '신곡' 지옥편에 스스로 목숨을 끊은 자는 더 혹독하게
다루던데 그 짓도 못 하겠다. 불교의 왕사지옥枉死地獄에는
자살한 자들은 생명을 경시하고 목숨을 끊은 죄로 사지를 잘게
썰어 뿌렸다가 되살아나면 또 반복해서 고통을 준단다.
프로메테우스나 시지포스 형벌이 차라리 점잖다.

친구의 족쇄

해가 중천에 떠올랐다. 오랜만에 맛본 단잠이었다. 방마다 창을 활짝 열었다. 그저께부터 내리던 봄비가 그치고 맑게 갠 파란 하늘이 면경 같다. 마치 한바탕 폭풍우가 몰아치고 난 뒤 평온을 찾은 내 마음이 그랬다.

소소한 행복을 맛보기까지 참 오래도 걸렸다. 마치 그리스 신화에 하데스가 산다는 저승세계의 습하고 음산한 동굴을 힘겹게 빠져나온 느낌이었다. 순간 마치 나의 행복을 방해라도 해야겠다는 듯 이죽거리며 떠오르는 얼굴이 있다. 쓴 쑥의 뒷맛 같았다. 인생의 봄날, 마냥 달기만 했던 추억에 재가 뿌려졌다.

중학교 때부터 전생에서 쌓아온 인연이라 생각하던 짝이었다. 손도 둘, 발도 둘, 눈도 둘인 것처럼 둘 다 넉넉지 못한 형편이라 추억도 함께 쌓을 수 있었다.

지난날 진학의 꿈이 사라지자 서러움에 눈물만을 빨고 있을 때, 달걀 한 판 통째로 삶아와 내게 사이다와 함께 꾸역꾸역 밀어 넣던 그였다. 이후, 각자 갈 길을 가면서도 서로의 발목에 우정의 족쇄를 채우고 인연을 이어갔다. 그러나 우리 우정의 족쇄 역시 가난 앞에는 무용지물이었다.

측은지심이 발동했었다. 베푸는 입장이 되어 무심코 내뱉는 위로의 말이 칼날이 되어 상처를 건드리고 말았다. 도움을 준다면서 정작 세월에도 씻기지 않을 눈물과 상처를 함께 안겨준 꼴이었다. 모멸감을 느꼈을 것이다. 후회했지만, 숙성되지 않은 말이 뱉어진 후였다. 사람 마음은 빛보다 빠르다. 말과 표정, 손짓 등 앞모습이 의식적이라면, 뒷모습은 감출 수 없는 정직 그 자체라고 한다. 돌아서 걷던 그의 뒷모습을 잊을 수 없다. 한쪽으로 축 늘어진 어깨, 낡은 달구지가 울퉁불퉁한 자갈길을 삐걱거리며 굴러가는 것 같았다. 불길한 기운은 새벽 서리처럼 냉기를 품고 가슴에 파고들었다.

그날 이후 우리의 관계가 예전 같지 않았다. 전화를 걸면 건너편 목소리가 엄동설한 꽁꽁 언 문고리에 볼이 닿는 느낌이었다. 그렇게 데면데면하며 시간이 흘렀다. 불길했던 예감이 적중했다. 난생처음 법원으로부터 연락이 왔다. '통장과 집이 가압류되었으니……' 단 몇 줄의 글에 악마가 깃들어 있었다. 온몸을 휩싸고 돌던 피가 일순간 빠져나가는 것 같아 서 있을 수 없었다. 내 통장으로 반쯤 갚은 돈을 도리어 내게 빌려준 것이란다. 뭔가가 그의 정신을 물어뜯어 버린 듯했다. 다분히 즐기는 것 같았다. 보이지 않는 적을 향해 칼을 휘두르는 행위가 얼빠진 놈 칼춤 추는 것처럼 우습기 짝이 없었을 것이다.

무엇이 그에게 결과가 빤한 싸움을 걸게 했을까? 관이오와 포숙아는 아니더라도, 오성과 한음을 닮자고 약속한 둘도 없는 친구라고 생각했던 우리였다. 매서운 계절에 믿었던 친구에게 맞은 채찍이라 하지만, 그것은 핑계일 뿐, 알고 보니 모진 가난이 그를 벼랑 끝으로 밀어 넣고 있었다. 그러나 미움을 덜어내는 것은 결코 쉽지 않았다. 매일 추억이라는 묘약을 맞아가며 그를 향한 생각을 바꾸려고 애를 썼다. 오죽했으면 그랬을까…….

조선 후기 실학자 다산 정약용 선생은 과거에 함께 합격한 동방 친구이면서도, 자신을 끝까지 죽이려 물고 늘어졌던 이기경이 유배가자 남은 가족들을 살뜰하게 보살펴주곤 했다. 주위에서 그렇게까지 할 필요가 있냐고 물었다. 친구란, 친구로 삼았던 것을 부정할 수 없기 때문이라고 했다. 그러면서 그를 끝까지 구원하기 위해 동분서주했다. 그러나 삶이란 한 치 앞도 알 수 없었다. 끝내 그의 마음을 돌리지 못한 채 그의 무리에 의해 18년이라는 긴 유배를 떠나야 했다.

그의 얼굴이 떠오를 때마다 가슴 한편에선 애틋한 마음이 든다. 그와 추억을 공유하고 인생의 차진 자양분을 나누었던 친구인 까닭이다. 측은지심이란 예부터 화해와 사랑, 어짊의 표현이라고 한다. 우보천리, 서두르지 않고 한발씩 다가가고 있지만 참 멀게만 느껴진다.

혹 아는가. 외나무다리에서 만날지…….

석탑石塔

우리네 선조들이 마음을 담아 빌고 또 빌었던 믿음의 흔적. 자고 나면 강제 부역과 역병, 그리고 전쟁….

아픔은 그저 나의 대에서 끝나주기를 바라는 간절함이 묻어있다. 종교나 신의 존재 여부를 떠나 부처님과 연결고리인 까닭에 이기적 동기이든 세속적 욕망이든, 혹은 선험적 이상향이든 우리 민초의 마음을 다독여 준 것은 분명하다.

그래서 석탑은 하늘에 우리의 소망을 전하는 메신저이자, 하늘로 가는 계단이다.

2

현재진행형

자존케 모리

까르페모리Carpemori

"인생을 즐겨라! 후회 없이…. 그러나 너의 죽음은 기억하라."

단언컨대 염세厭世란 지옥, 한바탕 죽음의 굿판을 벌이자는 악마의 유혹입니다. 언젠가는 죽을 운명이라고 해도 포기할 필요가 없습니다.

인간은 살려고 태어났지 죽기 위해 태어나지 않았습니다. 마지막 그날까지 악착같이 살아갈 거라 어금니를 물어봅니다. 거부할 수 없는 거대한 자석에 끌려가듯 어차피 죽을 걸 알지만, 그럼에도 불구하고 인생이란 영원히 죽지 않을 것처럼 살아야 한다고 합니다.

무엇보다 사랑을 즐기며 말입니다. 삶에 사랑이 결여된다면 정신이 죽은 것과 다름없기 때문입니다.

그리고 나의 죽음을 기억하면 삶 앞에서 겸손해지는 까닭이 됩니다.

'Carpe diem', 'Memento mori'

△ **Allegory of Vanity** *Antonio de Pereda(1611-1678)*
출처 : Wikipedia(Featured pictures) 특집 사진

노년을 읽다

꽃이 피고 황사 바람이 불더니 꽃이 졌다. 더위와 맞서는 매미의 처절함이 도심을 파고들었다. 그러다 점차 잦아드는가 싶더니 면경처럼 투명해진 하늘이 눅진한 더위를 견딘 사람들을 위로했다. 따라서 편율된 공전주기에 한 치 오차도 없이 단풍이 들고, 북풍을 견디고 혹한의 겨울을 날 채비에 분주하다. 공원에 새벽 운동을 나선 사람들 옷차림도 두터워졌다. 노년이 그렇게 찾아왔다.

세상을 밝히려 안간힘을 쓰는 햇귀에 의해 시나브로 드러나는 널브러진 장난감, 일그러진 맥주 캔, 모래가 묻은 플라스틱 막걸릿병이 지난밤을 기억하고 있다. 얼마 남지 않은 땅 위 맨발 투혼 중년은 밤새 내린 서리를 모조리 녹일 태세다. 멋을 낸 여인이 경쾌하게 내딛는 걸음이 아름답다. 기실 움직일 때 몸매가 육감적인 까닭이다. 이를 부러워하듯 하루도 거르지 않고 잰걸음으로 공원을 도는 아주머니 뱃살은 도무지 들어갈 기미조차 없이 단호했다.

새벽형 인간들도 어김없이 찾아왔다. 산책 겸 묵직한 아랫배를 해결하는 일석이조, 아니 배설의 쾌감까지 즐기는 일석삼조의 지혜를 지닌 이들이다. 종종걸음으로 들어갈 때와 달리 나올 때 발걸음이 한결 가볍고 산뜻해 기세가 넘친다. 때마침 태양이 아파트 건물 사이로 모습을 드러내며 환희의 빛을 선사했다. 어둠을 틈타 배설시키고 간 흔적들마저 양지로 얼굴을 내민다. 다양한 암갈색 배설물이 당당하고, 우레탄 바닥에 가래침과 담배꽁초가 상처가 되어 붙어 있다.

쉼터 기둥에 붙은 시계가 7시 반을 넘기자 운동기기에 몸을 기억시키던 무리가 집으로 향한다. "늦게 가면 아침 못 얻어먹는다"라는 할머니 말이 이웃까지 서두르게 했다. 일출의 빛에 희망을 실은 바람이 등을 떠밀었다. 어떤 조건 속에서도 저물어가는 황혼을 충분히 즐기라 응원했다. 심각하게 생각하면 절망뿐일지라도 처지를 긍정하고 세상 이치에 순응하며 살아가라 용기를 주고 있다. 그러나 언젠가는 마침표를 찍을 운명이라는 진리를 잊지 말라고도 하는 듯했다.

한결 한가해진 시공간, 공원도 휴식에 든다. 이때를 기회로 청소하는 아주머니와 아저씨가 쓰담쓰담 세수시키고, 추호의 의심도 없이 떠오른 태양이 골고루 기운을 나눠 주고 있다.

앙상한 나뭇가지에도 기운이 솟는다. 우레탄 바닥으로 포장된 뒤 몇 평 남지 않은 흙도 숨을 고르고 있다. 이를 깨우듯 약에 쓸 개똥 열 개나 주웠다고 외치는 청소 아저씨 소리가 하늘에 울리자 해가 급하게 구름 속으로 든다. 나무 의자에 앉아 넋을 놓던 할머니 입꼬리가 보일 듯 말 듯 올라간다.

아침을 해결한 할아버지들이 하나둘씩 나타났다. 삼삼오오 모여 운명에 순종하며 살아온 데 대한 보상을 장기와 바둑으로 하루를 보낸다. 이 모두 콘크리트 정글에서 노년이 존재하는 방식이다. 담배를 피울 수 있는 처지가 행복의 척도였고, 가슴에 품은 담뱃갑이 훈장이라고 생각했다. 병상 신세 지지 않은 것만도 다행이라며 깊은 고독감으로 마음에 소음을 몰아내는 이도 있다. 강력한 자석에 딸려가듯 결코 거부할 수 없는 순서를 기다리던 중에 애써 찾은 한가함이다. 현란한 허식의 공간이었더라도, 노예와 같은 몸이었다 해도 우리 때 삶은 순종이 미덕이었다며 퉤! 하며 바닥에 침을 뱉는다.

삶을 강요당한 채 살아온 데 대한 유일한 위로가 자위뿐이었다. 비록 폭력이 동반되었더라도 이상향이라고 생각했던 시대가 끝난 후, 아주 오랜 세월이 흘렀지만 그때의 향수를 잊지 못해 돌아가고 싶어 하는 것과 마찬가지다. 따라서 과거가 화려할수록 새로운 상상력을 자극했다. 글쓰기와 그림 그리기, 리코더 불기, 노래 부르기, 체력이 허락만 한다면 등산이나 파크골프가 존재의 가치를 매일매일 증명해주고 있다. 백구두에 빛을 내고 콜라텍을 드나드는 굴곡진 춤꾼도 매양 한가지이리라.

고독은 어디에나 존재한다. 짧은 초겨울 해가 서산머리에 걸렸다. 황혼의 낙조를 바라보는 노년의 얼굴이 붉게 물들었다. 더불어 선의만을 품은 양 낙일을 찾던 영혼들이 황혼빛에 물든 채 서둘러 둥지로 향한다. 돌아서는 발길, 서릿바람이 휘감는 세월의 단호함이 걸망처럼 걸려 흔들린다. 언제 어느 때 긴 겨울잠에 들지 모르지만, 내일 만나자는 희망과 격려가 서로에게 살아남으라고 용기를 북돋운다. 왁자지껄하던 공원은 순식간에 고요에 잠겼다. 쉼터 정자는 겨우 한숨을 돌린다.

공원에 저녁 이내가 깔리기 시작했다. 어둠은 짙을

수록 진실을 감추기에 좋다. 아이러니다. 어둠이 세상을 먹자 청춘들이 장악하면서 공원은 새로운 생기를 찾는다. 만용에 가까운 사춘기 용기에 혀를 차고, 짝을 찾는 청춘남녀 몸짓에 부러운 시선을 보내며 자리를 지키는 노년도 있다. 운명을 거스르듯 청춘의 대열에 들어섰지만, 여전히 주변인을 벗어나지 못한 채 외로움에 움츠린다. 결국 망설임 없이 야생으로 돌아서며 집으로 향한다. 고색창연한 죽음을 떠올리지나 않을까.

달이 떠오른다. 고개 숙인 할머니 좁은 어깨에 달빛이 내려앉았다. 노년의 삶일수록 처한 상황에 맞춰 목표를 뚜렷이 하라고 다독인다. 태양이 떠오를 때까지 목표가 있다면 늙지도, 병들지도 않는다고 흐린 달빛으로 간곡하다. 목표가 곧 삶의 가치라며 구름을 벗어난 별이 반짝이며 동조한다. 집으로 향하던 할머니가 놀이터 한가운데 서서 고개를 들자 얼굴에 난 주름이 빛을 먹어 사라졌다. 더불어 불빛을 받은 앙상한 나무의 잔가지가 실핏줄처럼 이어지며 칠흑 같은 허공에 에너지를 채워주고 있다.

일등효자

일요일 아침, 공원에서 버릇처럼 맨발로 운동했다. 화장실에서 발 씻고 나오니 초등학교 고학년 녀석이 내게 시선을 주면서 관심을 가진다. (하긴 이 정도 생겼으면 어른아이 할 것 없이 시선을 받지만)

그런데 이 녀석 대뜸,

“여기가 중구예요, 남구예요?”라며 질문 같지 않은 질문을 던진다. 내가 그것도 모를까.

살짝 째려보며 “중구!” 했다.

그러자 이 녀석 “그런데 왜 남구 같지?” 한다.

이 녀석 봐라? 중구 하늘이나 남구 하늘이나, 같은 하늘이면 똑 같지 뭐가 별다를까만….

(아, 국회의원 지역구는 같구나!)

그네에 올라타고 대꾸를 안 했다. 그러자 녀석이 옆 그네를 나와 반대로 앉아 흔든다. 한 번씩 얼굴이 교차할 때마다 나를 보고 있다. 마치 삶의 속성인 시간이 우리네 교차점의 핵심이라는 듯했다.

그러더니 "아! 남구와 중구 경계라서 그렇구나."

드디어 깨달음을 얻은 눈치다.

"몇 학년?"

"6학년요."

"남구 살아?"

"예"

"여기엔 뭐할라꼬 왔노?"

"자전거 타고 오다 보니 왔어요."

"남구에서 중구에 오려면 돈 내야 하는데?",

"……."

이상한 눈으로 쳐다본다. 대화를 수습해야 했다.

"너 공부 잘해?"

"예, 잘해요."

이놈 봐라? 감히 거짓말을…. 아무리 봐도 덜 떨어지게 생겼구먼, 내 어린 시절 기억에 거짓말해가며 물었다.

"반에서 5등 안에 들어?" 했다.

"전교 일뜽했어요."

'억!'

"저번 달에 일뜽 메달 받았어요."

표정으로 보아 거짓말이 아니다. 솔직히 기 좀 죽었다. 그래도 눈에 힘주고,

"커서 뭐가 되고 싶은데?"라고 물었다.

"건축기사요" 한다.

"하필?" 했더니

"우리 엄마 넓은 집 지어주고 싶어서요."

그네에서 내려 발길을 돌렸다. 나무 의자에서 어린 주인에게 버림받은 야구 모자가 날 비웃는 것 같다. 집에서 컴퓨터로 살생해대는 아들놈이 떠올랐다.

네 엄마는 좋겠다.

나는 바보처럼 웃고 있었다.

길을 걷는다는 것

자연은 우리 가슴에 응어리진 아픔을 걷어내고 새 생명을 품게 하는 마력이 있다. 팍팍한 도시의 삶, 아집과 집착에서 벗어나 삶 속에 너그러운 심성이 생겨나는 씨앗이 되기도 한다. 꽃이 피는 것도 바람이 부는 것도 자연이 주는 선물이자 아름다움이다.

길을 걷는다는 것은 삶을 되돌아보는 유일한 여정이다. 팍팍한 도회지 삶에 방황하는 영혼을 다독여 지금 어디로 가고 있는지를 알게 해 준다. 홀로 길을 걷는 이에게는 백만 가지 번뇌가 도사리고 있는지도 모른다. 세상사 갈등의 얼개들을 짊어지고 묵묵히 걸어보자. 어느 순간 비움과 새로움이라는 여유를 선사하곤 한다. 막히면 둘러 가는 물처럼 가다 서다 삶의 의미를 되새겨보자.

급박하게 돌아가는 세상에서 아날로그적 삶이 그리

운 요즘이다. 그래서 시간을 투자하여 한적하고 아름다운 길을 찾아 걷는 까닭이다. 지나간 사연을 떠올리며 느리게 걷다 보면 오랜 세월 아물지 않던 생채기도 기적처럼 사라졌을 수도 있다. 더불어 가슴은 넓은 여백으로 변화되어 맑은 공간이 새롭게 펼쳐져 있지 않을까.

길은 어디서 시작해 어디서 끝나고, 저 너머에는 무엇이 있을까? 이 길의 끝에는 어떤 풍경이 나를 기다릴까? 도시에서 좀처럼 볼 수 없는 아늑한 꿈길을 만난다면 우리네 마음이 맑게 정화되어 있음을 느낄 수 있다. 더불어 내 몸속 찌든 독소들도 비워버리고 맑은 에너지는 몸을 채우듯 흐른다. 앞서거니 뒤서거니 길 앞에 서면 유랑민의 본능이 살아날지도 모른다.

바람이 달다. 지금까지 걸어왔던 힘든 여정도 앞으로 펼쳐질 삶에 대한 두려움도 까마득히 잊고 느리게 걷는다. 둘이면 좋고 셋도 좋다. 서로에게 투명모시 같은 존재이자 품격과는 거리가 먼 소박한 모습은 사람이 누릴 수 있는 가장 행복한 시간이다. 촉촉한 생명력을 주는 외줄기 길, 그곳에서 나누는 수다는 철학 그 이상의 것으로 변모되는 것을 느낀다. 우리들의 꿈과 희망이 극대화되고, 갈등과 반목의 찌꺼기는 우정으로 변화되어 삶에 아름다움이 충만 될 것이다.

길을 걷노라면 고사리 새순 같은 작은 소망에서 추억을 만들고, 청춘의 거친 꿈 그대로 호기롭게 펼쳐갈 것이며, 황혼기 귀로에서 영혼을 매듭짓는 시간을 경험할 수도 있다.

다채롭지도 그렇다고 수다스럽지도 않은, 그다지 슬플 것도 없는 덤덤한 인생이 무의미한 것만은 아니다. 사색이 주는 진실과 고요가 주는 평안함이 이처럼 행복하게 차오르기 때문이다.

사색이란 인간만의 특권적 행운이다. 사고하고 이치를 따지며 진리를 알아가다 내 삶에 진실한 생활에 큰 의미를 부여하곤 한다.

그래서 나는 걷는다.

빠름~빠름~빠름

내게 느리다는 것은 남에게 뒤처진다는 뜻이었다. 초등학교에서 즐거워야 할 운동회는 달리기 때문에 늘 고민이었다. 공책은커녕 연필 한 자루 탄 적이 없다. 용만 쓰다가 내 다리에 걸려 넘어지지만 않아도 다행이었다. 지금도 실망한 어머니 눈길을 잊을 수 없다. 천성인 탓도 있었지만 생각도 느렸고, 행동도 굼떴다.

군에 입대하자마자 선착순에 길들여야 했다. 사회에 나왔지만, 세상 역시 그런 나를 그냥 두지 않았다. 정글에 혼자 버려진 것 같았던 시절, 남보다 더 빠른 생각으로 앞서야 했다. 어린 시절 꿈꾸던 순수한 희망은 잊힌 지 오래였다. 정교하게 다듬어진 사회에서 작은 부속품이라도 되기 위해 앞만 보고 힘들게 달려왔다.

내가 그래왔듯 나라도 그랬다. 대한민국의 속도는

지금까지 경제성장의 원동력이었다. 그 결과 단기간에 세계 10위권의 경제 대국이 되었다. 부러움을 넘어 개발도상국의 롤 모델이 되었다. 대한민국은 여전히 속도전을 치르는 중이며 우리도 모르게 그것에 익숙해져 있다.

하루가 멀다고 더 빠른 속도를 자랑하는 휴대전화기가 출시된다. '빠름~빠름~빠름'이라는 광고의 후렴구는 유행어가 되었다. 세상에 뒤처지지 않을까 실로 겁이 나는 요즘이다.

이 땅에 인류가 살기 시작했을 때 500년 동안 이루어진 것들이 우리가 살아가고 있는 현대에는 단 5분 만에 변한다고 한다. 워낙 빠른 속도 때문에 느끼지 못할 뿐이다. 노트북 부팅시간을 가지고 1초의 경쟁을 벌이고 있는 현실이다.

우리는 "빨리빨리"를 버릇처럼 쓰고 있다. 어린 시절, 시골 어른들은 출타했다가도 비가 오면 서둘러 집으로 돌아가야 했다. 논밭에 물을 대기 위해서였다. 청명淸明 곡우穀雨, 입동立冬 등 늘 절기를 외우고 살았다. 애써 가꾼 농작물에 서리를 맞춘다면 상품 가치가 떨어지는 것은 당연했다. 그래서 가을빛에 곡식을 여물게 하다가도 서리가 내리기 전 서둘러 추수를 끝내곤 했다.

내 도시 생활도 마찬가지였다. 처음으로 집에 컴퓨터를 들였을 때 모 통신회사에서 여론조사차 전화가 온 적이 있었다. 이런저런 질문 중 모든 항목에 속도가 중요하다고 답을 했던 기억이 있다. 스스로 '스피드'라고 질문이 다 끝나기도 전에 앞질러 말해버렸다.

그동안 빨리 달려 축적해 놓은 시간들로 행복했던가? 그렇게 쌓아놓은 시간은 모두 어디로 간 것일까. 우리나라 2020년 경제협력개발기구(OECD) 국가 중 자살률 부동의 1위다. 죽음조차도 빠른 사회, 나뭇잎보다 먼저 떨어져 땅 위를 구르는 청소년 자살 소식은 속도에 감춰져 있다. 가슴을 아파해야 할 사건이지만 너무나 익숙한 나머지 애써 외면하고 있지나 않은지 되돌아볼 일이다.

흔한 말이지만 아메리카 인디언들은 말을 타고 얼마간 달렸다 싶으면 말고삐를 멈추고 자신이 달려온 길을 되돌아본다고 한다. 너무 빨려 자신의 영혼이 따라오지 못할 수 있기 때문이란다.

지금까지 내 영혼의 존재를 잊고 살았던 것은 아닐까? 급박하게 돌아가는 디지털 세상에서 아날로그적 삶이 그리운 요즘이다.

'느림의 미학', 어느 시인이 한 말이다. 내 어린 시절 만추晩秋의 절경에 넋을 놓고 스케치하던 감수성의 나는 어디로 간 것일까? 3~40분을 걸어서 다닌 등하굣길에 꾸었던 꿈은 어디에 있는 것일까?

사람이나 동물이나 때때로 숨 돌릴 시간이 필요한지도 모른다. 걸음을 멈추고 뒤를 돌아보자. 내가 지금 어디로 향해 가는지 알게 될 것이다. 혹 아는가? 순했던 어린 시절 꾸던 별빛 꿈이 되살아날지….

인생은 짧다고 한다. 인생에 속도를 붙이면 그 끝은 더 가깝다. 못 할 일이다. 어느 날 낮잠에서 깨어나 보니 70줄에 들어섰더라는 친구 아버님 말씀을 떠올린다. 얼굴에 잡힌 주름만큼이나 허망한 표정이었다.

빨라서 즐거웠던 기억이 있을까? 느려서 행복했다고, 그렇게 순하게 인생의 끝을 맞이하면 죽음 앞에서도 웃을 수 있지 않을까. 어쩌면 석양의 낙조를 바라보는 것처럼 황홀할지도 모른다. 흐르는 물처럼 가다 서다 진실한 삶의 의미를 되새겨보자.

국립중앙박물관 사유의 방
이유 없이 눈물이 났다.
어두워서 눈물 흘리기 좋았다.
비우라고 하는데 더 비웠다간
가슴이 막혀 죽을 것만 같았다.
그동안 이런 공간이
필요했었나 보다.
나무관세음보살
(사진 : 국립중앙박물관)

한식과 개자추

새형님, 처음으로 보내는 편지글이군요!

예쁜 생질녀 호영이와 수현이도 건강히 잘 있겠지요? 새형님을 뵌 지 벌써 여러 해가 된 것 같습니다. 호영이 옹알이하던 모습이 엊그제 같은데 벌써 대학 졸업반이라니 세월의 그 빠름이 허망하게도 느껴집니다. 아버지 생전에 그렇게 좋아하셨던 새형님을 생각할 때마다 돌아가신 부모님 생각이 간절합니다.

그동안 사업차 해외를 돌아다니시느라 많이 피곤하실 터인데 건강은 어떤지요? 가끔 욕심 많은 새형님 모습이 그려지기도 합니다. 넉넉한 웃음과 함께 말이지요! 누님 성격이 범상치 않음을 어릴 때부터 많이 겪어 보아서 잘 알고 있습니다. 그래도 세상일에 두 팔 걷어붙이고 열심히 살아가는 누님 모습을 보면 가끔 안쓰럽기도 합니다. 새 형님과 누님이 종교적 믿음으로 두 분 다 잘 이겨 극복해 나가리라 믿어 의심하지 않습니다.

어제는 식목일과 하늘이 맑다는 청명淸明이었습니다. 그러고 보니 오늘은 중국 춘추전국시대 진晉나라 충신 개자추介子推가 면산에 숨어 살다가 불에 타 죽은 한식寒食이기도 합니다. 어제 계획으로는 적어도 저녁에 술 마시기 전까지의 생각으로 오늘은 새 형님 장인 장모이신 부모님 성묘 갈려고 마음의 준비를 단단히 했다가 어젯밤에 과음한 탓에 포기하고 만 불손한 놈이지요.

그래서 오늘은 바깥 날씨도 우울한 마음을 닮아서 우중충한 날입니다. 방금 비라도 내릴 것 같은 흐린 날 오전 내내 집에서 빈둥거리다 오후 잠깐 밖에 나갔다 온 게 전부인 미련하고 게으른 중생입니다. 진도가 잘 나가지도 않는 책 한 권 펼쳐 들고 몇 시간째 이러고 있었습니다. 그러다 아무리 사대부 집안의 후손이라지만 뱃가죽이 등가죽과 서로 맞닿을 지경에 이르니 체면이고 뭐고, 울 엄니 말씀도 들리지 않더이다. 잠은 둘이서 자도 밥은 혼자 먹어야겠습니다.

가까운 시장에 나가 손으로 밀어놓은 칼국수 면발 천 원어치와 조갯살 천원어치를 샀습니다. 집에 남은 명태 대가리와 북어 살점 몇 낱, 국물 멸치랑 다시마까지 넣었습니다. 아, 냉장고에 사둔 콩나물도 몇 가닥 함께 넣고 약한 불에 국물을 우려내어 사 온 칼국수면 팔팔 끓였습니다. 실파 송송 썰어 넣고 다진 마늘과 고춧가루 듬뿍 넣어 만든 양념간장에 참기름 넣고 한 그릇 배불리 먹고 나니 쓰린 속이 확 풀립니다. 역시 술꾼 집안 속풀이 내력도 이만하면 수준급이지요. 이것도 다 엄니 어깨너머로 보고 배운 것이라 퍽도 자랑스럽습니다. 그래도 라면도 제대로 끓일 줄 모르는 새형님보다는 제가 한 수 위지요?

무엇인가에 막혀있던 몸이 뚫려 버린 듯 온몸의 세포들이 소몰소몰 살아나는 느낌입니다. 몸이 후끈 달아올랐다가 땀이 흥건히 적셔져 옵니다. 한결 가뿐해졌습니다. 이제 잠이 쏟아집니다. 참을 수 없는 존재의 가벼움, 낮잠 한숨 비몽사몽 깨고 나니 아마도 봄비가 내리려나 봅니다. 몸이 뻑적지근하며 신경통이 신호를 보내옵니다.

그냥 있을 수 없었습니다. 줄넘기를 백 번 합니다. 팔 굽혀펴기를 땀나도록 했습니다. 그리고 가장 쉽게 할 수 있지만 지겨운 운동인 앉았다 일어서기를 오십 번 반복합니다. 그리곤 거실 한 가운데 카펫에 픽 쓰러졌습니다. 그것도 잠시 아들놈 학교에서 돌아와 배고프다고 해서 남은 칼국수 끓여서 먹이고 싱크대 설거지까지 몽땅 해치웁니다. 물기 하나 없는 깨끗한 싱크대를 보며 잠시 기분이 좋아집니다.

문득 한식에 대한 우리 이야기들을 더듬어 글로써 남기고 싶은 욕심이 생겨납니다. 오늘 하루를 그냥 헛되이 보낸 것에 대한 미련한 반성에서 우러나오는 보상 같은 것이겠지요. 살아가는데 전혀 필요치 않은 이런 이야기는 새형님이 중요시하는 그 많은 정보 중에 가장 쓸모없는, 한낱 귀찮은 정보로 여겨지겠다는 생각이 듭니다. 그래도 교회 장로인 새형님의 새로운 모습과 인적 양식을 위해서 몇 자 적어 봅니다. 부디 쓸데없다 내치지 말고 한 번쯤 읽어 주길 감히 바랍니다. 혹 압니까? 이런 말들로 잘난 채 해서 사업 동반자들에게 좋은 점수를 따시게 될지….

한식의 유래는 이렇습니다. 앞에서 언급한 바와 같이 중국 주나라가 하늘의 뜻을 거역하고 선정을 베풀지 않으며, 어진 신하를 도외시하고 결국 간신배를 등용하여 마침내 8백 년 기력이 마감되고 있었습니다. 난세에 영웅이 난다고 했습니까? 열국들이 서로 영웅이길 다투어 춘추시대가 열렸습니다.

이때 진晉이라는 나라에 공자 중이가 아버지 헌공

에게 미움을 사 추방당합니다. 그때 그의 인물됨을 알아본 개자추 등 몇몇이서 공자 중이와 함께 망명길에 오릅니다. 춥고 배고픈 어느 날 개자추는 따뜻한 고깃국을 자신의 주군이신 공자 중이에게 받칩니다. 자신의 넓적다리 살을 베어 자신의 주군에게 먹이신 게지요. 주군의 눈에는 감격의 눈물을 흘리게 했지만, 그러지 못한 다른 사람들에게는 시기와 미움과 질투를 사게 됩니다.

춥고 외롭고 힘든 망명길이 장장 19년이나 계속되었고 마침내 고국에 왕으로 추대가 되어 돌아오게 됩니다. 그러자 공자 중이가 황하를 건널 때 그동안 방랑길에 동행했던 낡은 집기들을 강물에 던져 버립니다. 지난 힘들었던 망명길에서 이제는 벗어나게 되었다는 환희와 감격에서 우러나오는 행동이었겠지만, 그 모습을 본 개자추는 이내 실망합니다. 아무리 하찮은 것일지라도 힘들었던 시절에 함께 했던 것을 쉽게 버릴 수 있다는 것은 쉽게 잊을 수 있다는 됨됨을 확인하는 결과겠지요. 그리고 신하들이 다투어 논공행상하는 것을 보고는 개자추는 그 길로 황하를 건너지 않고 노모가 계시는 시골집으로 돌아옵니다.

공자 중이는 진의 문공이 됩니다. 개자추는 시골 어머니와 함께 짚신을 삼아 팔아 끼니를 연명하였습니다. 진문공은 자신의 다리 살점까지 베어 끓여준 개자추를 잊고 있었던 것입니다. 아니 잊고 있었던 것이 아니라 19년 동안 함께 고난의 길을 걸어 왔던 신하들의 질투로 인해서 개자추의 공적이 가려지게 된 것이지요.

그 후 진 문공은 자신이 왕위에 도움을 준 공신들을 1등급 2등급 3등급으로 나누어 정하고 아직 그 공로를 인정받지 못한 이가 있다면 말하라 방을 붙였습니다. 그 방을 본 개자추의 늙으신 어머니가 아들에게 말합니다.

“한 번 나가 보아라. 너는 19년 동안이나 주공을 모시고 방랑하지 않았느냐. 더구나 지난날에 넓적다리 살점까지 도려내어 임금을 드시게 하지 않았느냐. 가서 말하면 우리 모자의 조석 끼니에 도움이 될 곡식 정도는 줄 것이고 그러면 짚신을 삼아서 파는 것보다야 낫지 않겠느냐?”

개자추가 대답했습니다.

“제가 주공을 모신 것은 다른 공자보다도 어지셨기 때문이고, 하늘도 이를 알아 우리 주공에게 혜공, 희공의 자리를 빼앗아 주공께 주신 것입니다. 그런데 모든 신하가 이런 뜻을 모르고 각기 자기의 공인 줄만 알고 벼슬을 다투고 있습니다. 나는 그들과 다투는 것을 부끄럽게 생각합니다. 차라리 일생 짚신을 삼을지언정 하늘의 공을 자기의 공인 것처럼 탐하기는 싫습니다."

모든 공을 하늘의 공으로 돌린 개자추의 깊은 생각이 뿌듯합니다. 이 말을 들은 늙은 어머니는 참으로 감동합니다. 그리고 개자추는 노모를 업고 면산綿山으로 들어갑니다. 깊은 산에 초려를 짓고 풀로 옷을 해입고 나무 열매를 따 먹으며 일생을 마칠 생각이었지요.

그러나 그마저도 여의찮았습니다. 이웃 중에 개자추 행방을 아는 이가 있었습니다. 해장이라는 사람이었지요. 그는 한밤중에 글을 지어 조문朝門 위에다 걸었습니다.

"여러 마리 뱀이 따라다니며 고생한 끝에 용을 연못으로 돌아가게 했다. 그리하여 뱀들은 각기 자기 거처할 집을 마련했도다. 그러나 먹을 것이 없어 굶주리던 용에게 자기 살을 베어 먹인 뱀만 거처를 마련하지 못해 저 벌판에서 울부짖고 있다."

이 글을 본 진문공은 그 뜻을 헤아리지 못할 리 없었지요! 그리고 후회를 하며 해장을 따라 면산으로 갔으나 첩첩산중에 개자추의 흔적을 찾을 수 없었습니다. 효성이 지극한 개자추의 심성을 아는 진문공은 산에 불을 놓아 숲을 태우면 늙으신 노모를 위해 뛰어나오리라 생각을 하였던 게지요. 그리고 산에다 불을 질렀습니다. 그 불은 사흘간 탔다고 합니다. 그러나 개자추는 끝내 나오지 않았습니다. 아들과 어머니는 버드나무 아래서 서로 안고 타 죽은 것이지요.

지금의 대통령을 만든 그 공이 서로의 크다 다투는 이들을 보았었습니다. 그리고 잊지 않고 그들에게 감투를 하나씩 하나씩 논공행상 하듯 씌워주곤 합니다. 하늘의 공인 것도 모른 채 코드라는 신종 용어를 빌려 진행 중인 것으로 압니다.

멀리 중국에 있었던 일이었지만 신라 때부터 우리의 4대 명절 중 하나로 행하여 왔던 것은 바로 그의 성품과 그가 전하는 교훈이 우리 민족의 심성과 가슴에 와닿기 때문인가도 생각합니다. 지금 개자추를 닮은 청빈한 정치인이 궁합니다.

그때 산에다 불을 지른 것이 동짓날로부터 105일이 지난 삼월 초닷새 날이며 절기로는 청명절淸明節이였답니다. 그래서 개자추의 뜻을 애통해하며 불을 피우지 않은 날이 되었다지요. 처음에는 한 달 동안 불을 피우지 않았다가 나중에는 삼일로 줄였다 합니다.

우리나라 한식寒食에는 신라 때부터 성묘하는 풍습이 있었고, 고려 때부터 대표적 명절로 성묘를 허락하였으며 죄수의 금형禁刑을 실시하기도 했답니다. 근래에 들어서는 성묘 이외에는 대부분이 사라지고 말았지만, 농가에서는 이날부터 농사가 시작되는 시기라 합니다. 어쩌면 새롭게 일 년을 시작하는 날이 되기도 하는 것이라 생각이 듭니다.

종교적 의미로 볼 때는 매년 봄에 궁궐에서는 헌 불을 끄고 버드나무 가지로 비벼 새불新火을 만들어 임금께 바칩니다. 버드나무로 불을 비벼 만드는 것은 개자추가 버드나무 아래서 불에 타 죽었기 때문인 것 같습니다. 새 불을 받은 임금은 육조대신六曹大臣 들과 팔도 감사들에게 나누어 주었다 합니다. 그 뒤 다시 백성들에게 전달이 되었지요.

우리나라 한식은 헌 불을 끄고 새 불이 가는 전달 과정의 시간의 필요성에 의해 한식날 하루는 불을 지피지 않았다고 합니다. 그러다 언제부터인가 한식날 변화가 일어나게 됩니다. 귀족이나 사대부 등 서울 상류계층에만 새 불이 전달되었고 여느 백성들은 가문별로 종가에서 새 불을 일으켜 집안에 반화返火 하게 되었답니다. 이것은 우리나라의 가족주의가 발달하게 된 동기이기도 한답니다.

이것은 곧 각 가정에 씨불이 되어 화로에 담아 간수를 하게 되었지요. 이것이 바로 우리나라 주부권위의 상징이 되기도 하였습니다. 며느리가 이 불을 꺼트리면 소박을 맞기도 하였으니 그 소중함이야 말할 것이 없었지요. 또한 가까운 친족들이 찾아오면 이 불로 밥을 지어 먹으며 친족의 단결과 공동체 구심점을 새기곤 하였고, 먼 몇몇 촌 이상의 친척들이나 벗이 오면 다른 불로 밥을 지어 먹이기까지 하였습니다. 그만큼 분리되어 불을 다루었지요.

그렇게 본다면 그 옛날 모든 길은 로마로 통한다던 그 화려한 시절에 기억이 가물가물합니다만 로마의 베스트(?) 신전의 여사제가 불을 일으켜 돌려주는 행사가 있었답니다. 그것은 단결과 결속과 운명 공동체의 자의식이 되는 동기가 되었지요. 그러나 우리 민족과 똑같은 공동체 의식 속에 로마는 내셔널리즘으로 승화되어 융성하였으나 우리는 그렇지 못했지요. 그것은 씨족과 가족 중심의 사회로 전환 축소되어가는 그것 외에 밖으로 우리가 아닌 것에 대한 배타성이 깊게 물들어있었기 때문인가도 생각해 봅니다.

지금 새 형님과 나와의 배타적 동기부여가 보이지 않게 가로막혀 있는 것과 같은 동질의 뜻을 부여 할 수 있겠습니다. 작금의 시대를 보면 씨족도 피아 구분이 확연하고 친족도 피아 구분이 확연한 지리멸렬한 사회가 된 것 같아 마음이 무겁습니다. 저 같은 긍정적 회색분자가 어디 발붙일 틈이 있어야지요.

지금까지 제가 아는 지식을 동원하여 적은 것이 아닙니다. 저도 모르는 것을 공부하며 자료를 찾고 기억이 가물가물한 것은 필기 노트를 더듬어 적은 것이지요. 고등학교 시절에 나도 잘 모르던 수학 문제를 다른 친구에게 설명하게 되면 자연스레 그 문제에 관해서는 완벽하게 이해를 하게 되듯 말입니다.

별 쓸데없는 이야기로 바쁜 새 형님께 신경 쓰게 해 드린 것 같습니다. 그냥 웃어넘기는 여유를 가지시고 한 번쯤 쉬어 가시라는 뜻으로 드린 글이었습니다.

이제 황사가 심해지겠지요. 각별히 건강 유의하시고 가내 평안한 날 되길 빕니다. 호영이 수현이에게도 변변찮은 외삼촌이 안부 전합니다.

생명

게으른 오전, 공작소에 가기 위해 버스를 탔다. 버스 속에는 운전기사와 나, 아주머니 셋뿐이었다. 초여름 버스 속은 더웠다. 창문을 밀었다. 이때를 기다렸다는 듯 말벌 한 마리가 들이닥쳤다. 망설임 없이 가방에서 노트북 케이스를 꺼내 버스 속을 유영하는 말벌을 향해 한 방 날렸다.

명중!

죽음에 떠밀린 멍청한 사무라이, 혹은 가미카제 전투기 같은 말벌이 통로 바닥에 픽 쓰러진다. 날개가 파닥거렸다. 어떻게 할까 짧게 망설였다. 후회가 밀려들었다. 그때 내 모습을 보던 아주머니 왈.

"잘 잡네요."

"네?"

"잘 잡아요. 그런데 살아날 것 같은데?"

자세히 보니 버스 바닥에서 고통에 몸부림치고 있다. 아주머니가 자리에서 일어나 무지막지하게 밟아버린다.

"빠작!" 소리와 함께 결국 말벌은 버스 바닥에 포가 되어 붙었다.

내가 뭘 한 거지? 무슨 악연이 있어 아침부터 살생하게끔 하는지…. 어찌어찌해서 그냥 밖으로 내보낼 순 없었을까? 내 맘대로 생명을 단죄한 행위를 후회했다.

오늘은 말벌 애도의 날로 정했다.

"다음 생이 있다면 네가 나를 쳐라."

자, 행운이다. 너 가져라

필연

인생은 선택의 연속이다. 어린 시절 가업家業이 출판이었다. 타향살이 첫 직장이 출판사였으니 필연이라고 해야 맞을 듯하다. 경력에 비추어 비록 선택의 폭이 넓지는 않았더라도 어쩌면 본능처럼 이끌렸을 수도 있다. 그때부터 출판, 광고기획, 그리고 디자이너로, 때론 카피라이터로 살아온 것은 온전히 그때 선택이 결정적이었다.

의지가 삶에 변화를 일으킬 수 있다고 자위한다. 준비된 이에게 찾아오는 행운, 즉 세렌디피티의 법칙을 믿는다. 최근에 작업실을 옮겼다. 탁월한 선택인지 아직은 알 수 없지만, 만 3년 달서구 생활을 과감하게 접고 집과 가까운 중구 남산동으로 왔다. 한 갑자 아래 띠 동갑들 배려에 사무실 한쪽에 컴퓨터 책상 하나와 책꽂이를 마련할 수 있었다. 새롭게 출발하기 위해 마음도 자세도 가다듬었다.

더불어 오롯이 생각의 나래를 펼 수 있는 시간이 생겨서 좋다. 달서구 생활은 대중교통에 한 시간 가까이 부대껴야 했지만, 작업실을 옮긴 후부터 천천히 걸어서 30여 분이면 충분하다. 인생 후반기, 여전히 미래를 걱정해야 하는 불안정한 삶이라도 이때만큼은 온갖 번뇌에서 벗어난 느낌이어서 참 좋다. 성모당 골목을 지날 때면 종교의 유무와 상관없이 숙연해지는 느낌을 즐긴다. 아기 예수를 안은 성모상을 향해 소원 하나 넌지시 흘리고 걷기도 한다.

좁은 골목을 굽이돌자 철컥철컥 인쇄기 돌아가는 소리가 들린다. 100여 년을 한결같이 대구·경북 출판 산업을 선도했던 남산동 인쇄골목에 들어섰다는 뜻이다. 이 딱딱하고 차가운 쇳소리가 감성을 자극하면서 어린 시절 향수를 불러낸다. 코로 훅 빨려드는 잉크 냄새가 먼 기억을 헤집는다. 고개를 들어 하늘을 올려다보자 어린 시절이 뒤죽박죽 펼쳐진다. 시리고 아프고 아련하고 답답하고, 행복하고 신나고 즐겁고 따뜻한 추억들이 뒤범벅되어 속절없이 파고들었다. 자동화란 꿈도 꾸지 못한 시절, 수동식 인쇄기를 돌리기 위해선 막노동과 다를 바 없었다. 그야말로 고사리손이라도 보태야 겨우 입에 풀칠할 수 있었으니 온 식구가 매달려야 했던 시절이었다.

기억에 의존하면 지금쯤 남아 있다면 이곳 남산동 인쇄박물관에 전시품으로 뭇 사람들 관심 받을 법한 기계들이었다. 어머니가 투명한 종이 한 면에 찹쌀풀을 먹여 햇살에 잘 말려놓으면 아버지는 그것을 잘라다가 해먹(일반적으로 벼루에 갈아서 사용하는 먹과는 다른 물감 같은…, 당시에는 '해먹'이라고 불렀다)을 접시에 떼어내 오구로 선을 긋고 글씨를 썼다. 여러 문중의 족보나 문집을 만들기 위한 첫 작업이었다. 코끝에 돋보기를 걸친 아버지 모습은 평생 잊을 수 없도록 각인 되어 잊히지 않는다. 한복차림으로 단정하게 앉아 가느다란 붓을 잡고 세로로 한자漢字를 써내려가는 모습이 아이 눈에는 경이로움 그 자체였다.

아버지가 글을 쓰면, 다음은 형들과 어머니 몫이었다. 아버지가 쓴 원고를 인쇄기 매끈한 석판石板에 올려 팔 힘을 이용해 돌에 입혔다. 그런 후 물걸레질한 후 롤러로 잉크를 묻혀 압력을 통해 한지에 인쇄해 냈다. 물걸레질을 한 터라 글자에만 잉크가 묻어 아버지가 쓴 글씨가 인쇄되어 나왔다. 인쇄된 한지를 식구들이 둘러앉아 네 등분으로 접었다. 그리고 페이

지별로 정렬해 하나씩 뽑아 순서를 맞춘다. 풀을 바르고 구멍을 뚫은 후, 연붉은 치자 물을 들인 표지를 입혀 빨갛게 물들인 실로 엮는다. 그리고 마지막으로 아버지가 책마다 표제를 써서 붙이면 작업이 끝난다.

납품 날이 되면 일을 맡긴 문중 대표들이 우리 집을 찾는다. 적게는 스물, 많게는 오십여 명이 주로 토요일을 정해 책 검수와 함께 일종의 출판기념행사를 벌였다. 어머니는 아침부터 손님맞이에 분주했다. 학교에서 돌아오면 평소 꿈도 꿀 수 없었던 쌀밥에 잡채와 고깃국, 감주, 문어와 수육을 맛볼 수 있었다. 책이 잘 나왔다는 칭찬이 거듭되면 아버지 어깨에 금빛 가루가 내려앉았고, 어머니 볼에는 볼그레한 희망이 묻어났다. 잉크, 종이 등 재룟값을 치르고 나면 목돈이 생겼다. 봄에 시작해 가을에 끝나는 이 일은 우리네 일 년 농사와 다를 바가 없었다. 이렇게 마련된 목돈으로 한겨울을 날 채비를 마칠 수 있었다.

신은 장난치기를 즐기는 듯했다. 평온을 넘어 나른한 행복이 집안에 넘치자 시샘하듯 운명의 신이 형을 도심의 하이에나로 만들어버렸다. 집에는 온전히 사람 손으로 움직이는 수동 오프셋 인쇄기가 하나 더 있었다. 아버지 발이 넓었던지, 큰형 영업력이 탁월했던지 알 수 없었으나 경상북도 내 공립 초·중·고등학교 졸업장과 표창장을 인쇄했다. 족보나 문집이 끝나면 곧바로 졸업 시절을 맞아 정신없이 보내야 했다. 밤을 새워 인쇄하는 날이면 어머니는 간식을 장만해서 날랐고, 형들이 교대로 눈을 붙일 수 있도록 대신했다. 그렇게 애써 마련된 돈을 낚아챈 큰형이 도심 빌딩 숲으로 모습을 감췄던 것이다. 어머니 가슴에는 그동안 인쇄했던 글씨들이 덕지덕지 눌어붙어 떨어지지 않았다.

좌절과 절망의 연속이었지만, 어김없이 시간은 흘렀다. 눈물도 말라버린 채 현실을 극복한 어머니는 다시 일어섰다. 그러나 시시때때 가슴을 짓밟고 타향에서 방황하는 형이 떠오를 때면 어머니는 긴 숨을 쉬며 하늘을 올려다보곤 했다. 막내아들도 날벼락을 피해 갈 수 없었다. 초등학교를 졸업하고 중학교 갈 형편이 못 되었다. 새벽에 일어나 신문을 돌리고 친구들이 학교에서 공부할 때 서점에서 일했다. 일 년이었지만, 지금까지도 사라지지 않고 마치 주홍글씨처럼 삶에 붙어 따라다닌다. 서러움이 앞섰고, 버릇처럼 앞서는 주먹질이 이때 생겼다.

현실을 인정하고 새롭게 출발하기에는 문제가 또

있었다. 대한민국 건장한 남자라면 누구도 피해 갈 수 없는 일, 작은형이 군에 입대했다. 어린 나이였지만, 집에는 희망은커녕 어둠뿐이란 것을 재차 깨달았다. 이젠 큰누나와 어머니가 인쇄기를 돌려야 했다. 그렇게 3년이 버티자 기적이 일어났다. 첫눈이 멈칫거리며 내리던 날 빈털터리가 된 큰형이 돌아왔다. 형은 눈물로 용서를 구했고, 어머니는 돌아온 탕아를 절규로 용서했다. 형 옆에는 얼굴이 동그랗고 피부가 뽀얀 젊은 여자가 고개를 숙인 채 서 있었다.

매일 반복되며 살아나는 영상 속에서 같은 길을 걷는다. 100년 향수길 인쇄골목에서 풍겨오는 진한 잉크냄새, 한 치 오차도 없이 철컥 철컥 반복되며 돌아가는 인쇄기소리, 이에 뒤질세라 찰르락 차르락 제본기 입 다무는 소리가 화음을 이루고, 높이 쌓인 종이와 기계 사이를 분주하게 오가는 사람들…. 비록 경기가 예전 같지 않다곤 하지만, 언젠가는 지난 날 번성했던 그때로 돌아가겠다는 듯 얼굴에 열정이 넘친다. 낡은 건물, 입을 꾹 다문 출입구에 '○○출판사' 흐릿한 간판이 아침 햇살을 빌어 길손에게 인사한다.

치자색 책표지를 닮은 인생의 가을, 후반기 삶에 필연처럼 찾아온 인연, 새로운 터전 남산동 인쇄골목이 내 삶에 있어 과거와 미래를 이어주는 희망의 가교인지도 모른다. 미미한 오차조차 허용하지 않는, 한 치 흐트러짐 없이 생산되는 인쇄물처럼 변하지 않은 진실, 지난날 자양분에 노력을 더하면 색다른 결과물을 기대할 수도 있지 않을까. 현실주의자는 기적을 믿는다. 나는 지독한 현실주의자다.

술酒

술
— 천상병

나는 술을 좋아한다.
그것도 막걸리로만
아주 적게 마신다.
술에 취하는 것은 죄다.
죄를 짓다니 안될 말이다.
취하면 동서사방을 모른다.
술은 예수 그리스도님도 만드셨다.
조금씩 마신다는 건
죄가 아니다.
인생은 고해苦海다.
그 괴로움을 달래 주는 것은
술뿐이 것이다.

위의 글은 천국의 시인 천상병 님 막걸리에 대한 시다. 인생을 고통의 바다로 표현하면서 자신의 괴로움을 달래주는 것이 막걸리라고 했다. 이렇듯 우리 백성에게 있어 빠질 수 없는 것이 바로 막걸리였다.

'독도'는 우리 땅이요, '무궁화'는 우리 꽃이며, '아리랑'은 우리 노래듯이, '막걸리'는 우리 술이다. 한여름 구슬땀 흘리며 일을 하다가 느티나무 그늘에서 잠시 쉬는 농부의 목을 시원하게 만들어주던 것도 막걸리요, 시골 장날 푸성귀 난전에 하루 왼 종일 몇 푼 모아 주린 배를 채워 주는 것도 막걸리였으며, 막노동꾼 힘든 일 자투리 시간에 피곤을 잊게 만드는 것도 막걸리였다.

비 오는 날 달달한 배추지짐이 곁들여 한 잔 마시면 빗소리 자장가 삼아 한잠 늘어지게 자게 만드는 것도 막걸리요, 오일 장날 장터에 서성이다 우연히 마주친 묵은 벗과 정을 나누는 것도 막걸리를 앞에 두어야 제 맛이다.

이처럼 막걸리는 서민들 배를 채워주고 힘든 노동을 잊게 하며, 삶에 활력을 불어넣어 주었던 대표 술이었을 뿐 아니라 옛 선비들 또한 즐겨 마셨다.

막걸리에는 예부터 오덕五德과 삼반三反이란 것이 있다고 한다. 취하되 인사불성일 만큼 마시지 않음이 제 일덕이요, 새참에 마시면 요기되는 것이 이덕이며, 힘이 빠졌을 때 기운을 돋우는 것이 삼덕이고, 안되던 일도 마시고 넌지시 웃으면 되는 것이 사덕이며, 더불어 마시면 응어리 풀리는 것이 제 오덕이다. 삼반三反이란, 아무 일도 하지 않고 놀고먹는 사람이 마시면 속이 끓고 트림만 나며 숙취를 부르니 반유한적反有閑的이요, 서민들이 즐겨 마시니 반귀족적反貴族的이며, 군관민이 참여하는 각종 제례나 대사 때 고을의 합심주로 막걸리를 돌려 마셨으니 반계급적反階級的이 그 세 번째이다.

막걸리의 역사와 효능도 남다르다. 요즈음 힐링 열풍을 타고 막걸리가 전국적으로 상종가를 치고 있다. 서민의 대표적인 술 막걸리가 우리 몸에 좋다는 사실을 구구절절 늘어놓지 않아도 아는 사람은 다 안다. 양주와 와인, 소주와 맥주에 밀려 찬밥 신세가 되었던 서민의 술, 막노동꾼이나 시골 농사꾼이 잠시 새참 때 마시는 술이라는 인식이 박혀 도심의 네온사인 아래서 밀려난 지 오래였다. 그런데 어느 날부터 우리의 전통술이란 수식어가 붙는가 하더니 웰빙과 힐링의 대표 술로 자리매김 하고 있다.

시대와 세월의 흐름에 따라 사람뿐만 아니라 술도 팔자가 변할 수 있음을 확인했다. 변비 예방이나, 다이어트, 면역력 강화, 피로회복, 갱년기 장애 등등 그 효능이야 익히 알려져 있으니 생략하기로 하고, 막걸리 역사에 대해서 잠시 언급한다.

예부터 고관대작이나 부호들의 집에서는 밑술, 즉

증류주를 주로 애용했다고 전해진다. 지금의 안동소주나 이강주처럼 도수가 높은 술을 즐겨 마셨고, 이 술은 술맛이 독해 금방 취하고 빨리 깬다는 기록이 있다.

그러나 삼분의 일이 노비이고, 삼분의 일이 평민이었던 당시 일반 백성들은 하루 끼니조차 연명하기 어려운 시절이 많았다. 사정이 이러하니 쌀을 이용해 술을 만들어 마신다는 것은 상상도 할 수 없는 일이었다. 그래서 생각해 낸 것이 맛이 탁하고, 빛깔이 진한 술이라고 알려진 '탁주'다. 지금 우리가 마시는 막걸리가 탁주라고 불리는 것을 볼 때 맑은 술을 뜨고 남은 찌꺼기를 물에 희석하여 마신 것이 탁주가 되어 서민들에게 애용되었던 건 아닌가 생각한다.

그렇지만 예부터 서민들이 마시는 탁주는 따로 있었다. 서민이 마시는 술은 시간이 오래 걸리거나 비싼 원료를 사용할 수 없었다. 그래서 값이 다소 싼 재료를 이용하되 7일 정도면 숙성이 되고 배도 부르며, 시원하고, 감칠맛이 나는 막걸리를 빚기 시작했던 것이다. 밀 막걸리, 수수 막걸리, 보리 막걸리, 옥수수 막걸리, 심지어 조 껍데기 막걸리까지 생겨났다. 그 지역에서 흔히 구할 수 있는 농작물을 이용해 막걸리를 만들어 마신 것이다. 이규보는 《동국이상국집》에서 "벼슬길에 오르기 전에는 백주(탁주)를 즐겨 마셨고, 벼슬길에 오른 후에는 맑은 청주를 마시게 되었다"고 적고 있다.

유교국가 조선시대에 와서는 집집마다 제례를 지내기 위해 직접 술을 빚게 되니 그 원료나 방법에 따라 술의 종류도 다양해 졌다. 그래서 생겨난 것이 가문과 집안의 특성을 살려 빚은 '가양주家釀酒'이다. 하지만 그것도 잠시, 구한말 조선을 침탈한 일본은 1909년 주세법을 공포하여 집집마다 술 빚는 것을 금했다. 이 때문에 가양주 문화가 사라지게 되었고 우리 전통술 맥이 끊기고 말았다.

광복 후에도 사정은 마찬가지였다. 먹을 것이 귀했던 궁핍한 시절, 쌀을 이용한 술 제조법이 금지되고, 막걸리는 보리와 옥수수 그리고 밀가루를 이용해 만들기 시작했다. 이때 외국에서는 맥주와 위스키가 들어와 우리나라 막걸리는 더욱 사양길로 접어들었다. 그리고 맥주와 희석식 소주의 전성시대가 열린 것이다.

비살균 막걸리가 행정 구역마다 독과점으로 운영되었고, 겨우 살아남은 양조장들은 자구책을 강구하기 시작했다. 맛에 승부를 걸면서 막걸리 연구에도 박차를 가하였다. 그 결과 막걸리 전국시대가 열리고 시대 흐름에 따라 웰빙과 힐링 열풍에 편성하여 독한 소주와 양주가 관심에서 멀어지는가 하면 천대받던 막걸리가 인기를 끌게 되었다.

유산균 덩어리 막걸리는 우리 몸속의 독소들을 배출시켜주는 역할을 하니 동·서양의 독주는 물론 장 활동을 방해하는 맥주와 희석식 소주는 비할 바가 못 된다.

최근에서야 안 것들

세상이 예전 같지 않다는 것을…. 따라가기에도 너무나 벅차 헉헉대고 있다는 작금의 상황을 깨달았다.

알파고가 사람이라면 1000년이 걸린 100만 번의 기본 학습을 단 4주 만에 마쳤다. 알파고가 이세돌을 4승 1패로 꺾으면서 밀레니엄세대, Z세대란 말을 들었다. 도무지 숨 쉴 여유조차 없는 세상을 땀나도록 버티던 와중이었다. 신의 능력에 도전한 탓일까? 직격탄이 떨어졌다. 코로나19로 인해 세상이 경직됐다. 원상회복되려면 낙관적인 사람은 3년, 비관적인 놈은 5년을 본단다.

야생의 초식동물은 24시간 맹수에 쫓기며 살아간다. '죽거나 혹은 살거나'이다. 순간의 위기만 모면하면 늘 평안한 상태를 유지하고 있는 모습을 보며 이해할 수 없었다. 나중에야 알았다. 저승사자에게 쫓기는 상황을 익히기보다 금방 잊어버리면 쉽다. 급성 충격을 받아 만성적 반추가 되면서 끈질기게 생각을 반복하면 병이 생긴다. 이것이 스트레스라고 한다. 그런데 스트레스와 싸우지 말라고 한다. 알지도 못하는 삶의 의미를 찾고, 뭔지는 모르지만 한 템포만 늦추고, 결과보다 과정을 중시하며, 모든 일에 감사하며, 창조적 삶을 살라고 강조한다.

참 똑똑한 양반들이다. 스트레스는 살아 있다는 증거다. 인생의 양념으로 생각하되 싸우지 말라고 다스리라고 하지만, 범부의 소갈머리가 어디 가야 말이지.

인간은 태생적 한계라는 것이 있다. 생각에 따라 처한 상황에 맞춰 인생의 목표를 뚜렷이 한다. 목표에 도달하기 위해 노력하면 유전자 GENE이 그 방향으로 변화된다고 한다. 자동유도장치가 작동하기 때문이다. 목표가 실현될 때까지 늙지도, 병이 들지도, 죽지도 않는다니 목표가 곧 삶의 가치라는 뜻이다.

스마트폰은 인간의 삶을 방해하지 않아야 한다. 좋은 기술을 가지고 좋은 곳에 쓰는 것이 아니라 범죄에 더 많이 사용된다. 선한 사람이 만들면 선한 인공지능이 되고, 악한 사람이 만들면 악한 인공지능이 된다.

인간은 타고난 본성이 있다. 그러나 후천적인 교육을 통해 본성의 장점만 활용해 살아가거나 단점에 지배당하는 삶이 결정된다.

외로워하지 마라. 언제 외롭지 않은 적이 있었더냐?
힘들어하지 마라. 어디 쉬운 일이 하나라도 있더냐?

비雨

빗방울이 보일 듯 말 듯, 이런 비를 안개비라 해야 하나 이슬비라 해야 하나? 우리말 한글의 표현력은 국어에 관한 한 유아독존, 최고라고 떠들어대는 프랑스 사람들도 손을 들 정도라고 한다. 섬세하고, 디테일하고, 화려한가 하면 소박 검박하고, 범접할 수 없게 폭력적인가 하면 들꽃처럼 겸손하기까지 하다. 따라서 비에 관한 표현도 참으로 많다.

안개처럼 가늘게 내리는 비 안개비, 안개보단 굵고 이슬비보단 가는 비 는개, 는개보다는 굵고 가랑비보다는 가는 비 이슬비, 이슬비보다 더 굵게 내리는 비 가랑비 등은 빗방울의 굵기에 따른 비의 서열이다.

그리고 실같이 내리는 실비, 가루처럼 뿌옇게 내리는 가루비, 노드리듯(노끈을 꼰 듯 빗방울이 죽죽 드리치며 내리는) 오는 날비, 채찍처럼 굵게 좍좍 쏟아지는 채찍비, 굵직하고 거세게 퍼붓는 작달비, 빗방울의 발이 보이도록 굵게 내리는 발비, 물을 퍼붓듯 세

차게 내리는 억수, 이런 비들은 모두 장대비, 줄비, 된비 같은 큰비 이름이다.

좍좍 내리다가 금방 그치는 비는 웃비, 한쪽으로 해가 나면서 내리는 비는 해비, 햇볕이 난 날 잠깐 뿌리는 비는 여우비, 겨우 먼지나 날리지 않을 정도로 오는 비는 먼지잼이란 말도 있다. 이 얼마나 사랑스러운 말인가!

눈보라가 있다. 눈에도 보라가 있으니 당연히 비에도 보라가 있다. 센 바람에 불려서 흩어지는 빗방울을 '비보라'라고 한다. 빗방울 대신 꽃이 날리면 꽃보라, 꽃잎이 비처럼 떨어져 내리면 꽃비라고 하듯 비가 오기 시작할 때 몇 낱씩 떨어지는 빗방울을 '비꽃'이라고 한다. 참으로 고운 이름이 아닐 수 없다.

이외에도 꼭 필요할 때 오는 비 단비, 단비보다 더 단 꿀비, 약이 되는 약비, 복을 주는 복비, 모종하기 알맞게 오는 모종비, 모를 다 낼만큼 흡족하게 오는 못비 등은 자연에 감사하는 농심農心이 가득 담긴 비의 이름이다. 여름 낮에 내리는 비는 '잠비'라고 하는데 여름에 비가 오면 할 일이 없어서 잠을 많이 잔다고 해서 붙여진 이름이니 할 말을 잃는다.

또 양반 사회에서는 계절에 따라 이름도 달리했다. 봄비를 춘우春雨, 가을비를 추우秋雨, 6월 장마가 본격화될 무렵 매실이 익어갈 때에 내리는 비를 매우梅雨

라고도 했다. 또 상황에 따른 명칭도 있었다. 오랜 가뭄 끝에 오는 단비를 기쁘다는 뜻의 희우喜雨, 장마가 오래되어 지나치게 오는 비를 심란하다는 뜻으로 음우淫雨라고 하였다.

또 한해 농사일을 망칠 만큼 모질게 오는 비는 '고통스러운 비'라는 의미로 고우苦雨라고 했다. 연암 박지원도 농업과 관련된 책 《과농소초課農小抄》에서 '백로에 비가 오면 온 경내가 고통스러워한다. 백로우래일로고白露雨來一路苦'라고 기록하고 있다. 가을걷이가 한창일 백로에 비가 오면 오곡이 걸여물고 과실에 단물이 빠져 농사에 치명적이라고 할 수 있다.

예부터 가뭄이나 장마 등 천재지변이 오래 지속되면 위정자들이 스스로 나서 자신들의 부덕을 하늘에 고하고, 자신들의 부정한 행위를 성찰하는 계기로 삼았다. 임금은 반찬 가짓수를 줄이고, 신하들에게 정책을 비판하는 글을 지어 올리게 했다. '구언求言', 즉 재해로 피폐해진 백성들의 삶에 공감하고 자신의 행동을 뒤돌아보며 시정하고자 했던 것이다.

기우제를 지낼 때면 단에 올라 채찍으로 자신의 등을 치며 곡을 했다고도 한다. 백성 역시 행동을 조심했다. 술에 취했어도 하늘을 원망해 오줌발을 갈기거나 해를 향해 침을 뱉지 않았다. 즉 가혹한 하늘을 원망하기보다 자신도 모르게 잘못함이 없는지 자숙의 시간을 가졌다.

비는 농사에 큰 영향을 미치기에 너무 적거나 많으면 안 되고 딱 알맞게 와야 한다. 우리 삶에서 중도中道가 중요한 것과 같은 이치이다. 과거에는 수재, 한재 등의 자연 현상이 위정자의 행위에서 비롯된다고 보았다. 《서경書經》 〈홍범洪範〉 편에는 정치의 득실과 국가의 치란治亂이 드러나기 전에 비雨, 햇빛暘, 더위燠, 추위寒, 바람風, 때에 맞는 기후변화時 등의 징조가 먼저 나타난다고 했다. 한 해 농사가 잘될 수 있는 조화로운 환경이 갖추어지기 위해서는 위정자의 올바른 정치 행위와 덕성의 함양이 필요하다는 것이다.

기우이길 바라지만, 현재 대통령은 북한이 미사일로 공포를 쏘아댈 때 술에 취해 있었다는 말이 사실이라면, 퇴근 후 서울 모처에서 늦은 시간까지 술을 즐긴다는 후문이 정말이라면 큰일이다. 코로나19가 2차 유행 조짐을 보이는 때, 연일 폭염으로 가지지 못한 백성의 삶이 더욱 혹독하기만 한 시절이다. 백성을 편 가르기하고, 검사 출신 인사로 코드를 맞추는 작금의 상황을 보면서 가슴에 울화가 맺히는 느낌이다. 어쩌면 백성이 임금을 걱정해야 하는 지경에 이른 것이다. 옛사람의 도덕과 지혜가 아쉬운 요즘이다.

*

필자 이름에 비와 물이 들었다. 어떤 비구니가 내게 별호를 하나 지어주었다. 언감생심 세간의 향기를 품었다고 '세향世香'이라고 했다. 그는 내게 세상의 다양한 향기를 품어서 흐르는 물처럼, 내리는 비처럼 세상을 골고루 적시며 살아야 건강할 상이라고 아예 점을 봐줬다. 웃었다. 그러기엔 욕심이 차고 넘치기 때문이다.

각설하고, 밖에는 '는개'가 내리고, 오랜만에 찾아온 달콤한 시간을 즐기고 있었다. 무거운 얼굴 턱 괴고 창밖을 바라보며 시답잖은 상념에 무한대로 빠져들 때다. 어느 순간 코끝을 자극하는 익숙한 향기가 풍겼다. 진원지가 궁금했다. 내 좁은 방안에는 그럴 만한 것은 없었다. 그러다 다시 시들해질 즈음 또다시 향기가 코끝을 스치면서 가슴까지 파고들었다.

그사이 비는 이슬비로 바뀌고, 다시 가랑비로 바뀌어 있었다. 누군가 뒷집 파란 대문 여는 소리가 들려왔다. 어느 봄날 색소폰으로 나를 유혹해 장장 두 시간 동안 하느님 이야기로 내게 고문을 하셨던 멋쟁이 할아버지다. 할머니와 다정하게 살아가시더니 어느 날 병치레를 하던 할머니는 할아버지만 남겨두고 먼저 떠났다.

그날도 오늘처럼 가늘게 비가 내리고 있었을 게다.

그 후 딸만 셋 둔 할아버지는 할머니가 떠난 빈집에 홀로 산다는 것이 힘들었던지, 아니면 따님들 뜻에 따라 그리하였는지 주인 잃은 집은 텅 비어 있었다. 따님 한 분이 가끔 들려 청소도 하고 주인 떠난 화초에 물도 뿌리며 잊을 만하면 한 번씩 나타나곤 했고, 나는 그때마다 할아버지의 안부를 빼놓지 않고 꼭꼭 챙겼었다.

그 할아버지가 찾아오신 거였다. 부엌으로 난 바라지창을 통해 할아버지 뒷모습을 훔쳐보고 있었다. 물기 먹은 파란 대문이 소리 내어 열렸고, 그 집 마당에 한가득 핀 화초들과 형형색색의 꽃들이 하늘거렸다. 비 때문이었는지, 아니면 약간의 바람이 일었던지, 그것도 아니면 대문의 힘으로 일어난 바람이었는지 분명 할아버지를 반겼다.

슬리퍼 끌며 뒷집으로 향했다. 대문을 열고 마당에 들어서니 꽃향기가 확 하고 밀려왔다. 사실 할아버지가 반가운 게 아니라 꽃향기 욕심이 발동했다. 할아버지는 등을 보인 채 마당 가운데 우두커니 서 있다. 이쩜 화초들과 대화를 나누듯 미동도 없는 할아버지와는 달리 바람을 탄 화초의 움직임은 여전했다. 소담스럽게 핀 수국이 제일 먼저 눈에 들어왔다. '향기의 진원지는 저놈이었을 게야' 했다. 아니다. 하얀 치자꽃이 눈에 들어왔다. 어릴 적 우리 집 제일로 큰

화분에 심어두었던 치자나무에 강한 꽃향기를 기억하고 있다. 그것보다 훨씬 크게 자란 치자나무에 가지가지마다 향기를 품고 달려 있다.

할아버지는 인사를 건네는 내게 보일 듯 말 듯 고개를 끄덕였다. 그러다 무언가 생각난 듯 입을 열었다.

"참, 교회 다녀요?"

작년 봄날 내게 한 시간을 하느님 이야기로 고문을 가했던 때를 당신은 전도라 생각을 했던 모양이다.

"아니요."

"그럼 안 되는데, 하느님이 곁에 있어야 하는데."

'…….'

더 이상 할 말이 없었다. 고개를 숙이고 살금살금 대문을 빠져나왔다. 돌아서 보니 할아버지가 걱정스러운 표정으로 웃고 있었다. 수국, 치자, 맨드라미도 웃고 있었다. 지붕에는 새롭게 둥지를 튼 삼색 고양이만 입이 찢어져라 하품한다.

또 비가 내린다.

몰라봤다. 번뇌라는 벌레가 양식이 될 수도 있다는 것을

무릉도원

무릉도원은 세상 어디에도 존재하지 않는다. 유토피아 역시 인간 애틋한 마음씨가 만들어낸 결과물일 뿐이다. 신이 그렇고, 극락이 그렇고, 천당이 그렇다.

석가모니가 말한 자비, 공자의 인仁을 지향하고 예禮에 정진하려는 인간존엄성, 예수가 죽음을 불사하면서까지 인간에게 전하려 했던 사랑과 은혜로움을 실천하는 것만이 오늘을 참되게 할 뿐이다.

아껴둬야 할 사랑은 없고, 미뤄둬야 할 행복도 없다. 다음 생의 행복을 위해 현생을 허비할 수 없다.

종교의 실체는 허구일 가능성이 매우 높다. 사이비 종교에 자신 삶을 저당 잡힌 채 인생을 허비하고 있다는 것은 실로 부끄러운 일이다. 실체도 없는 희망에 목매는 모습은 애처롭고 위태로운 인생이란 뜻이다.

지금까지 우리네 어머니 종교는 늘 기복祈福이었다.

이제 그만하면 됐다.

건강하고 행복하게 살아가게 해준 데 대해 감사하며 살아가려는 순한 마음이 필요할 뿐이다. 나를 밝혀주는 데 얼마간 도움이 될 것이기 때문이다.

영웅도 인간도 진리도 사물도 세상도 불변하는 것은 없다. 늘 그 자리에 있는 것도 아니고, 늘 같은 것도 아니기 때문이다. 그러니 그것에 기대지 말자는 뜻이다. 종교도, 믿음도, 사랑도, 돈도, 자식도, 부모도, 권력도 영원한 것은 없다. 그것들에 기대거나 내 존재를 의탁해 안식을 찾고자 하는 이러한 행위는 불가능한 것을 추구하는 것일 뿐, 이루지 못할 것에 대한 무한동경을 가진 영혼이 얼마나 피폐해질까 생각한다.

권력을 세습하고, 권위를 세습하고, 부를 세습하고, 또 평화를 부르짖으면서도 폭력을 정당화하려는 인간들에게 한 말이다.

덧붙이면 천국이나 극락은 없어도 지옥은 있어야 마땅하다. 이처럼 아름다운, 이토록 완벽한 천국을 지옥으로 만드는 부류는 어디에서 벌 받는단 말인가.

술시

방범창을 때리는 빗소리에 잠에서 깼다. 오전나절을 나른하게 시작한다. 무료함의 연속, 허영의 파도가 몰아치자 발라당 까진 감수성이 롤러코스터를 탄다.

아웃사이드의 고독, 부족함에서 우러나온 기복祈福의 몸부림, 문득 비 맞는 쌍봉사 철감선사澈鑒禪師 승탑이 그립다. 균형 잡힌 단아한 몸매, 섬세한 조각에 가슴 설렌 기억이 마음을 헤집었다. 화강석 질감에 저질의 욕망을 씻어내고 싶은 까닭이다.

먼지 쌓여 널브러진 밀린 일이 차곡차곡 가슴에 쌓여 현실이 된다. 간사한 몸뚱이는 쥔장의 눈치를 알아채고 눈꺼풀에 힘이 들어가는 때를 맞춰 그만 안주하라 유혹한다. 달콤한 빗소리 핑계 삼아 게으름이 행복이라며 애간장을 녹인다.

그리 기쁜 일도, 슬픈 것도 없는 무덤덤한 인생, 막걸리 생각이 간절하다. 오후의 동선은 정리가 끝났고, 내일은 내일을 위해서 남겨두기로 하고…. 하릴없는 비 오는 월요일에 목과 메마른 가슴을 적셔줄 술시를 기다린다.

어지간해서 울지 않은 전화기를 바라본다.

인생은 전쟁이다

누가 그랬다. 편안하게 살려면 나서지 말고 남들이 이기게 그냥 두라고. 천만의 말씀 만만의 콩떡이다. 그렇게 한다면 영원한 패배자를 벗어나지 못한다. 아마도 자신이 없어 현실도피 중이거나 정신승리법이 가동 중일 것이다. 현실을 직시하고 악착같이 싸워 쟁취해야 한다.

인간 세상에는 한 평의 땅도, 한 줌 쌀도 그냥 얻어지는 것은 없다. 세상은 전쟁터이기 때문이다. 삶은 싸우는 것이다. 싸움이란 이기기 위해 존재하는 마찰력이다.

이길 방법이 있다. 이기고자 하는 열망과 강력한 전투력이 생기려면 치열하게 자신을 사랑해야 한다. 신은 너를 사랑하지 않은 사람은 돌봐주지 않는다. 남이 사랑해 주기를 바란다면 이미 진 것이나 다름없다. 나를 중히 여기며, 긍정의 힘을 믿는 사람은 신이 엉덩이를 "뻥!" 하고 차준다.

포기하지 않은 한 패한 것이 아니다.

러시아 포로에게 한 말

"이 젊은이들의 잘못이 아니야. 그들은 이곳에 무슨 일로 왜 온 지도 모르고 그저 오래된 지도를 따라서 오다가 길을 잃은 것뿐이야."

따뜻한 차를 받아 마시며 울먹이는 러시아 포로에게 우크라이나의 남성이 한 말이다.

전쟁은 결국 하나만 남는 것, 되돌아보지 않는 역사는 되풀이된다고 한다. 너무나 끔찍한 말이다. 서두르지도, 넋을 놓아서도 안 되는 까닭이다.

아무리 두려워도 싸워야 할 때가 있는 법, 과거에 아픔은 미래를 위해 깊은 곳을 탐사하는 내시경으로 활용할 일이다.

달항아리를 보자 눈물이 났다
주위가 밝아서 입술을 깨물고 참았다
나이가 드니 남성 호르몬이 줄고
여성 호르몬이 춤춘다
그런데 문제가 여성들이 그 반대라는 데 있다
집사람보고 "오빠!"라고 불러야 하나?
(사진 : 국립중앙박물관)

출근길

아침에 공작소에 가기 위해 아파트를 벗어나 공원을 가로지르고 있었다. 그때였다.

"할아버지 안녕하세요!" 발음도 시원찮은, 조막만한 아이다.

분명 눈은 나를 향하고 있는 걸 보니 내보고 할아버지라고 했다. 난생처음 듣는 할아버지다. 할아버지, 할아버지….

할아버지란 말을 들을 만큼 늙어 버렸나? 아이 '눈이 늙었겠지!'라며 자위했지만, 여전히 씁쓸했다.

"몇 살?"

"두 돌 지났어요."

나보다 더 똑똑한 아이다. 나는 몇 돌이 지났는지 도무지 계산이 안 되는데 말이다. 칠부바지, 칠 부 소매 셔츠를 입은, 머리에 솜털이 송송 박힌 아이다. 마주하고 보니 그리 큰 눈은 아니지만 깊고 투명하게 맑다. 나를 빤히 보더니 이런다.

"어디가세요?" 이건 또 왜 궁금한 것인지….

그래도 인격은 대우를 받음으로써 빛나는 법,

"공작소." 했다.

"왜요?"

'남이야!'라고 말해주려다가 참았다.

공작소 뜻이나 알고서 묻는 것인지, 바쁜 일도 없는 터라 내 발길을 붙잡고 이것저것 늘어지는 아이가 귀엽다. 나 역시 공작소에 왜 가는지 잘 모르고 가는 때가 있다.

말을 돌렸다.

"너 집 어디야?" 하며 주위를 둘러보았다.

아이의 보호자 될 듯한 젊은 여성 두 명이 먼데 그네에 앉아 있다. 그러나 이쪽으로는 신경을 쓰는 것 같지도 않았다.

"OO아파트에 살아요. 저기 저러케 이러케 가믄 있어요."라며 병아리 발가락 같은 손가락을 휘젓는다.

내가 발걸음을 옮기자 콧잔등에 아침이슬 같은 영롱한 땀방울을 맺힌 채 뒤를 따른다. 뒤로 돌아서 아이 눈과 마주했다. 그만 따라오지 말라는 무언의 압력이었다. 아주 짧은 교감(내게는 분명히)이 일었다. 아이가 미끄럼틀 계단으로 몸을 옮긴다. 계단을 오르면서 이런다.

"다음에 또 봐요." 계단 난간을 잡은 통통한 손등을

꼬집고 싶어졌다.

그래도 그러면 안 되는 거다. 요즘엔 워낙 시절이 하 수상하니 잘못하면 치한 소리 듣기 십상이다.

"그래, 또 보자. 잘 놀고 있어?"

"네, 다녀오세요."

이처럼 다정하게 헤어졌다.

그때였다. 등 뒤에서 사발 갈라지는 소리가 들렸다.

"여기서 뭐 해! 한참 찾았잖아." 어머니인 듯한 젊은 아낙 눈에 눈물이 그렁그렁했다.

그리곤 나를 아래위로 훑어본다. 걸음을 재촉했다. 그놈 참…! 오지랖 넓었던 어릴 적 딱 나 같다. 저그 엄마 애를 무척이나 달구겠다.

문득 조선 후기 문체 파동의 반항아 이옥을 떠올렸다. 북관 기생이 한밤중에 통곡한 것은 이별을 서러워한 것이 아니라 '천고에 다시는 만날 수 없다는 것이 서러워 울었다'는 글이 생각났다. 담에 만나면 알아나 볼까?

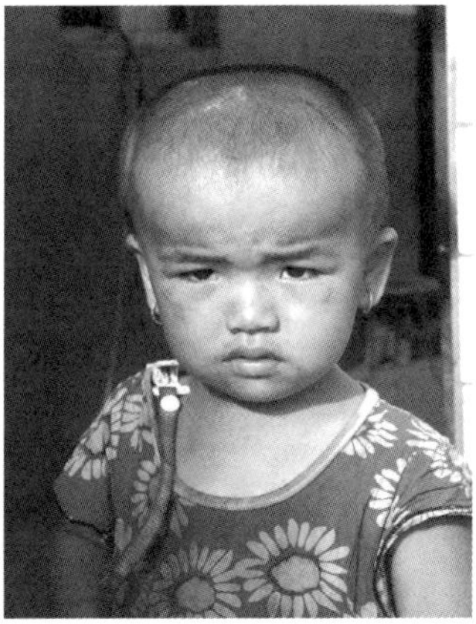

인상 풀어 인마.
웃으며 살아가기에도 빠듯한 세상이야
(실크로드 중국 길에서 만난...)

과음했다

술 좀 그만 마시라고 내가 그랬다. 아무 생각 없이 사는 것 같지만 이럴 때는 다르다. 아침 늦잠 자고 일어나니 집에 아무도 없다. 더 춥다. 고양이들이 간식 내놓으라고 닦달한다. 이때는 양이가 부럽다.

가슴에 서늘한 바람 한 줄기가 훑고 지나간다. 춥다. 티셔츠를 찾아 입었다. 금세 따뜻해졌다. 냉커피를 만들어 입을 벌리고 콜라 마시듯 들이켰다. 목구멍으로 쏟아지는 검정 물이 지구중력에 즐겁단다.

애를 끓는 진동…. 약속한 원고 독촉, 신뢰가 바닥을 치는 순간이다. 창을 열어 하늘을 올려다보았다. 먼데 은빛 비행기가 날고 있다. 가슴이 설렌다. 저기 바다 건너 두고 온 꿈이 생각났다.

새해

유달리 행복하지도, 딱히 불행하지도 않은 무덤덤한 삶이 준 결실. 그래서 오늘 또 삶이란 것을 산다.

2022 새해가 밝았다. 미래의 꿈이 희망이라면 크든 작든 한 가지씩 품게 마련이다. 아침에 일어나 까치 소리에 괜히 기분 좋아지는 것도 뿌리를 단단히 부여잡은 마음에 희망의 비료를 뿌리기 때문이다. 작년 이맘때 꿈꾸던 목록이 새록새록 살아나는 까닭도 그와 같다.

새롭게 정리했다. 이룰 수 없는 것들이 대부분이지만, 희망의 끈을 절대로 놓칠 수 없다. 기적을 믿지 않는 자는 현실주의자가 아니라고 확신한다.

이렇게 보면 인생은 잃어버린 것의 목록이다. 대부분이 사람과 명성, 그리고 돈이겠지만….

오래전에 아크릴 물감으로 몇 초 만에 그렸다.
이따위를 왜 그리고 있냐? 동료가 비웃었다.
네가 바다 일출을 한 번도 경험치 못한 비애를 알아?
지금도 그때를 떠올리면 이가 갈린다.

삶은 여정 같은 것

세상에는 여전히 불꽃 같은 인생을 동경하는 자들이 있다. 세상의 온갖 오명을 뒤집어쓴 채 욕망의 화신이 되어 허무한 생으로 끝나도 좋다는 투다.

그러나 부모가 준 육체를 정의로 무장하고, 사사로운 것에도 애정을 쏟는 사람들이 더 많이 있다. 고뇌를 필연이라 생각하며 두려워 않는, 용서할 순 없어도 세월에 삭아 내리길 마다치 않은, 세상은 폭력보다 아름다움이 더 많이 깔려 있다는 사실을 잊지 않고 살아가는 사람이다.

삶이 길고 짧음을 떠나 행복한 여행이었음을 아는 데는 그리 어렵지 않다.

다만 성실하게 살다가 저승으로 여행을 떠나는 인간에게 장례 행렬의 주인공인 내가 볼 수 없음이 실로 안타까울 뿐이다.

주망과 선약

일요일 오후, 낮술의 명약에 함몰되어 침대에 누워 텔레비전을 켰다. 그린피스 홍보 영상이 나왔다. 일본 국적 포경선을 훼방 놓으며 고무보트로 시위하는 그린피스 회원들 용기가 가상했다. 충만해진 의기에 휴대폰을 들었다. 휴일이라 음성사서함으로 넘어간다. 한편으로 다행이라 생각했다. 매월 15,000원이면 막걸리가 몇 잔인가? 에구~~ 생돈 날릴 뻔했다고 생각했다.

다음날인 월요일 아침 이른 시간에 어떤 아가씨로부터 전화가 왔다.

"어제 전화 주셨죠? 고맙습니다!"

결국 아리따운 서울 아가씨 목소리에 넘어가고 말았다. 음주는 주망酒妄을 일으킬 수 있다. 그러나 잘만 마시면 인생이 덧없음을 알고 자연의 섭리를 관조觀照하는 경지에 이르게 하는 선약仙藥이란다.

나는 주망이었을까 선약이었을까.

앙코르 톰- 바욘(Bayon) 사원
200여 개의 얼굴로 구성된 54개의 탑이 있다.
우리말로 관세음보살 각각의 표정이 다르다.
그럼에도 불구하고 이들은 얼마 못 가 망국의 길로 들어섰다.
이런 짓한다고 하층민을 돌보지 않아서다.
여기에 든 공덕 십분의 일만 백성에게 할애했다면
200년은 더 갔을 터이다.

심행수묵(尋行壽墨)

어린 시절의 동무들이 우스갯말로 "환갑 전에는 철들기 힘들겠다."고 했다. 당시 놈들이 어찌 천상의 비밀을 알았을까. 탐욕과 저급한 욕심이 도미노 같음을 감지했다는 뜻이다. 젊음의 시간이 허깨비처럼 순식간에 사라질 운명이라고…….

지배자가 던져주는 먹이에 꼬리 흔들며 맹목적으로, 술이 벗인 양 살아온 시간이 나를 별 볼 일 없게 만들었다. 어떤 굴욕도 느슨한 온화함으로 흡입하면서, 굴종이 멋인 양 대단히 만족스러운 착각 속에서, 가진 자의 찬사에 당당하게 감읍하면서, 하늘 아래 새끼손톱만 한 거리낌도 없다 생각하며 살아왔으면서도, 끝끝내 거품을 물고 인생철학이라 우기는 형국이다.

찌푸린 하늘은 살갗을 파고드는 냉한 바람을 부르고, 앙상한 나뭇가지에 서릿바람이 휘감는다. 메마르고 휑한 광야에 비틀비틀 걸어가는 나그네는 정처定處 없다. 뒤를 따르는 굶주린 늑대, 둘 중 하나는 요기일 터다. 나그네와 야생 늑대는 순식간에 동행이 된다. 상대를 넘어트릴 힘도, 쫓을 용기도 남아 있지 않았다. 검은 아가리를 벌려 어서 오라 포효하는 암굴 속으로 자발적 순종자가 되어 기어든다. 갈빗대가 굴곡을 이루는 늑대가 뒷다리를 바들거리며 뒤를 따른다.

아가리에 물어뜯을 힘이라도 남아 있을까. 단언컨대 그곳에서 구더기 밥이 되고 대단하기 짝이 없는 미생물의 힘으로 이승에서 흔적도 없이 사라질 것이다.

어떻게 살았던, 어떤 신성한 목적과 뜻을 세우고 시간을 알뜰하게 보냈던 아무런 상관이 없다. 너의 쓸쓸하고도 가련한 주검 앞에 누구도 책임지는 이 없다. 눈물 한 방울 흘려줄 이 더더욱 없을 것이다. 자발적 죽음이든 멍청하게 떠밀린 죽음이든, 이 모든 게 열락만을 추구하는 세상의 진리다. 강자에게 기생하면서 굴종도 마다치 않을 삶만 살지 않았다면, 겨울잠에서 깬 곰의 간식거리가 되더라도 그만하면 됐다. 앙상한 슬픔의 뼈만 남았더라도 멋진 주검이라고 찬사를 늘어놓으리라.

자연의 절대강자 발길이 닿지 않은 잡목 우거진 숲, 인간의 눈에는 하등에 쓸모없는 활엽수, 비탈진

기슭에 등 굽은 떡갈나무, 껍데기가 알몸 같아 서럽기 짝이 없는 서어나무도 덩달아 계절을 탄다. 재작년에 떨어진 낙엽이 여태 형태를 고수하며 발악해도 상관없다. 변색을 당연시 여기자 탈색이 되고, 작은 바람에도 기다렸다는 듯 가차 없이 떨어지며 산비탈에 쌓였다.

뜨거운 기운이 솟는다. 낙엽이 층층이 쌓인 그 깊숙한 아래 외로운 주검이 흙으로 돌아가고 있는 중이다. 참 장엄한 광경이다.

이른 봄날이 되면, 너도바람꽃으로 태어나리라.

* 《심행수묵》 머리말 중에서

머슴 뒷간

나는
집 없는 달팽이
바람 맞고 별빛 비추고
묵은 초가지붕 박이 달이 되고

고뇌에 잠기며
별 벗 삼아 시름 달랜다
호호 언 입김에 마음이 녹아들고
눈물 한 방울이 고단한 하루 마무리한다

면천(免賤) 염원은 영원하고
죽갓 비옷 삼아 몸을 다스리려 하나
늙어빠진 몸에 열기마저 앗아가 버렸으니
에라, 망할 것! 배설의 쾌감에 넋이라도 놓자구나

오늘 밤에는 극락에서 편히 쉴 아배 어매 만나려나?

늙음의 맛

꽃은 늘 안개 속에 피고
귀에서 저절로 노랫가락 울린다
조락의 삶은 염세 저편 필사적 발버둥 가련타 하고
시들한 욕망 무덤덤한 아름다움 대신한다

짝 찾아 빌딩 숲 헤맬 일 없고
수컷성이 시들해 선의 품은 양 산다
지하철 공짜에 자리까지 마련되었고
먼 추억거리 넘치니 저절로 웃는다

어제 일 쉬이 잊으니 아침이 즐겁고
이가 시원치 않아 배변이 즐겁다
아내 잔소리 입술 위에 흐르는 음악
이 약 저 약 찾다 보면 하루가 빠르다

오감이 둔화되어 욕망 떨친 지 오래고
위정자 행태에 부들부들 떨 일 없다
찾아 주는 이 없어 맘껏 고독 즐기고
청춘의 가면 벗어던진 본모습 찾았다

공연한 헛기침 날리지 않고
때론 실수하는 척 여유 있다
그리운 것 대부분 세상에 없어 애절하지 않고
봄꽃보다 가을 낙엽이 더 아름다운지 알았다

서산머리 붉은 해 황혼녘에 들불을 질러도
황홀한 노을 바라보며 갈 때 기억한다
거부할 수 없는 운명의 자석에 춤사위로 딸려가도
윤회가 있어 나로 태어났으면 좋겠다

반야만상인

반야만상인(般若萬象印)
불법(佛法) 인연은 억겁
바다에 비친 만물 물빛에
우리네 인연은 시작

참회 웅얼거림 욕망의 표피
파도에 휩쓸리는 자갈에
백만 가지 번뇌가 쓸리고
바다가 상처를 껴안았다

달이 뜨면 밀물
달이 지면 썰물
달 중천에 있으니
아무 일 없지 않은가

해조음

우리네 소망 전하는 석탑
우뚝 솟은 하늘에 닿았다
바다에 만상 비추자
해수관음 굽어 바다를 품고
억겁 고해 달관이 예 있다

아픔에 형체가 있고
참회하는 군상 웅얼거림은 희망 끝자락
해조음에 백만 번뇌 씻어지려나
오호라! 파도에 휩쓸리는 자갈
깨달음이렷다

천지 만물 무극(無極) 기운이
운해(雲海) 되어 감싸는데
윤회 은덕 입은 발길에 간절함
이마에 흐르는 땀방울이
전생에 흘린 눈물인지 내사 어이 알겠는가

관세음보살이 아름다움의 경지에 이른, 수월관음의 기운을 넘어 전륜성왕의 자세를 취한 윤왕좌라고 한다. 고고하고 기품이 넘치는, 그러면서 온화하기까지 하니 그야말로 '인간 세상의 꿈이 이런 게다'라고 하는 듯하다. 기실 앞모습보다 뒤태가 훨씬 매력적일 것으로 생각하며 돌아서자 역시 틀리지 않았다.

(사진 : 국립중앙박물관)

해인정 1

새는 목청 가다듬어 짝을 찾고
햇살은 빈터로 내려와
기와 파편에 날름 앉았다
민들레 여린 바람에 간지럼 타고
꽃인 양 노랑나비 짝지어 파도 탄다

화마의 폭식에 남은 빈터
모멸과 형극의 시간이 지나고
풍파에 닳은 석탑 하늘 향했다
깨진 지붕돌 모서리 두툼한 이끼 대신하고
뒷짐 진 노스님 묵언이 절간 같다

새 한 마리 포르르 날아와
상륜부인 양 탑에 올라타는데
저도 나처럼 답답했던 게다
돌이 되어가는 석탑과
윤회를 기다리는 스님이

새는 목을 내밀어
아름다움 노래하지만
무심한 눈길은 허공만 가른다
토라졌나? 용마루 뒤로 호로록
순간 정적 하늘 먹었다

침묵이 무거워 바람 새는 소리
이 석탑 스님 닮았는걸요
뒷산 바위처럼 미동 없다
감동의 파도가 사라지고 난
해인정(海印定)인가

해인정 2

스님 떠나셨어요
어디를요
…그곳…
언제요?
…나달…
말도 없이 가셨데요
저기 들어가서 따지세요
목소리에 물기가 묻었다

늘 그랬듯 표정이 섭섭다
눈은 맑은 듯하지만
약간은 슬픈…
잔잔한 목소리 들릴 것 같은데
알 듯 말 듯 표정을 감춘 채
대웅전 부처님을 똑 닮은
정을 뚝뚝 흘린다
나는 눈물을 흘린다

까무룩 졸고 있던 공양주
뒤에서 부른다
돌아보지 않았다
들킬 것 같아
발자국 바쁘게 따른다
아프게 툭 친다
스님이 남기신 것이에요
염주 알에 눈물이 똑 떨어진다

사월

사월입니다
외출 시 입을 옷이 마땅치 않으면
사월이 왔음을 압니다
내 어미 생각으로 가슴이 저리면
… 사월입니다
원색의 꽃들이 야단스러우면
분주한 사월입니다
꽃잎 송홧가루 물에 떠다니면
아픈 사월입니다
개나리 리본 바다에 떠다니면
눈물의 사월입니다
망자를 위한 춤사위에 눈멀어
사월(死月)입니다
꽃향기 바람 타고
사월이 갑니다
그렇게 인연이 갑니다

세 번째 고향 남해

새해가 되면 조금 특별한 희망을 품는다. 잘 먹고 잘살게, 혹은 건강과 같은 통속적 희망을 품기보다, 그동안 다니지 못했던 여행지에 대한 설계가 그것이다. 계절에 따라 지역을 나누고, 지방을 나누며 행복한 시간을 꿈꾸곤 한다.

어린 시절 소풍 가기 전날 밤처럼 두근대며 설치기 마련이다. 그곳의 풍경이 슬라이드 영상처럼 밤새 머릿속을 지나다녀 뜬눈으로 나기 일쑤다. 자유로운 영혼에 대한 상상의 나래, 게맛살보다 역맛살을 더 맛있어하는 까닭이다.

새해가 밝았다. 첫 번째 여행지가 남해군이다. 내게 말을 걸어오는 물건을 선택하듯, 내 방탕한 시선의 자유가 아니라 감수성을 자극하는 새로운 감동에 대한 희망이 있기 때문이다.

남해, 경상남도 남해군 이름이다. 남해南海란 우리나라 남쪽 자락 바닷가를 통틀어 부르는 명칭인 만큼 남해를 대표하는 섬이라고 자부하는 사람들이다. 형상으로 보면 어머니가 아기를 품고 있는 모습이며, 몸속 콩팥 같기도 하다. 지리적으로 보면 경상도와 전라도 경계에 있어 남해군 남면 바닷가에 서면 여수가 손에 잡힐 듯 보인다.

언젠가 남해 아우님이 소주잔을 기울이며 자랑하던 말이 있다.

"제주도가 삼다도라면 남해는 삼무도라요. 교육열이 높아 문맹이 없고, 바다와 들에서 나는 농수산물이 풍족해 거지가 없고, 남의 것을 욕심내지 않아 도둑이 없어요."

전설의 스토리텔링 능력을 지닌 아우님이 지어낸 것이리라 생각하며 코웃음을 쳤었다. 그러나 비웃음과 달리 남해를 벌써 스무 번 이상 찾았으니 나도 모르게 매력 속으로 흠뻑 빠져들면서 또 하나의 고향을 가지게 된 사연이다.

하나씩 따져보자. 남해 호구산 용문사 홍매화가 요염하게 절집 마당을 채우고도 남는다. 용문사 부도밭 석종형 부도에 심심타 하여 살짝 각을 준 풍성한 몸매와 아랫돌에 조각된 얼굴이 부른다. 사천왕 발아래 짓밟힌 양반 나부랭이 형상의 통쾌함도 있다. 지장보살 성지 용문사 목조시왕상 기도처에 머리 조아리면 행한 대로 돌아온다는 인과응보因果應報 참회 공간도 된다.

삶이란 어찌 크고 작음이 다를 수 있으며, 위아래가 있을까. 남면 가천 다랭이 마을 곧추선 논배미를 보며 삶의 질긴 애착과 애틋한 사연이 쌓여있음을 알았고, 손바닥만 한 삿갓배미는 차라리 눈물겹다. 멀리 바다에 한 점이 되어 돌아오는 통통배에 만선과 함께 희망이 실려 있다.

겹겹이 쌓인 일백 팔층의 계단 논 아래 편견의 세상을 만든 하늘을 향해 똥침을 놓는 우람한 남근석에는 기가 죽는다. 하지만 우리 백성의 소망이 한 곳에 기氣가 모였음을 안다.

남해는 유배 문학의 보고다. 삼여 년을 남해에서 절대고독 속 유배 생활을 하면서 시, 소설, 수필에 걸쳐 역작을 남긴 서포 김만중을 대표적인 인물로 꼽는다. 한글로 풍자소설 《사씨남정기》를 지어 숙종 임금 눈을 밝히고자 했다. 물론 기사환국에 실각한 서인의 복원을 꿈꾸는 의도에서였지만, 어찌 되었건 김만중은 허균의 《홍길동전》에 이어 실학자 박지원의 한글 소설을 있게 한 가교 역할을 충실히 했다. 이때 유럽에서는 《돈키호테》가 읽히고 있었으며, 중국에서는 패관문학이 인기를 끌었을 때였으니 세계 문학사의 흐름에 동승했다고 할 수도 있다. 소설은 한글로 쓰여야 한다며 평소에도 입버릇처럼 말했던 그는 천시당하던 한글 소설의 위상을 높이는 일대 획을 그었다.

김만중은 노도에서 초옥을 마련해 생활하던 중 어머니 윤 씨의 부음을 듣고 그 자리에서 혼절했다. 효심이 지극했던 김만중은 혼자 있는 어머니 윤 씨를 위해 《구운몽》을 지었다면, 돌아가신 어머니를 그리워하면서는 《윤씨행장기》를 지어 애도했다.

숙종 대 소론의 거두 약천 남구만, 노론의 핵심 소재 이이명, 중종 대 자암 김구라는 인물도 있다. 남구만은 남해를 일러 화전花田, 즉 꽃밭이라고 했다. 그리고 김구가 자주 들렀던 곳은 남해의 진산 망운산이다. 남해읍을 품에 안은 망운산은 해발 785m의 남해섬 최고봉. 그런 만큼 날씨에 따라 변화무쌍한 모습을 보인다. 김구는 이곳 정상에 올라 남해도를 일컬어 '일점선도一點仙島', 즉 '한 점 신선의 섬'이라고 표현했다.

한려수도 금산錦山이 우뚝 솟아 수려한 기상을 자랑하고 있다. 비단으로 둘러싼 금산이 아니다. 계절에 따라 보여주는 신기가 달리하니 숙명적으로 아름다운 금산이다. 일출을 보기 위해 추운 겨울 신새벽에 올랐지만 애통하게도 구름이 앞을 가리니 무던히 서 있는 보리암 삼층석탑이 삐뚤어져 보였던 적도 있다.

관음보살 기도처 보리암에 각각 소원을 담은 군상의 웅얼거리는 소리가 산을 넘고, 계곡을 덮고 산 전체에 울린다. 그 소망이 비단처럼 넘실거리기에 이성계의 전설을 떠나 금산으로 부르는 까닭인지도 모른다.

금산과 또 다른 느낌인 망운산도 있다. 그곳에서 만났던 야생화는 오랫동안 안구 속 깊은 곳에 저장되어 기억을 회생시키고 있다. 화방사에서 마셨던 단물이 여태 몸속에 기를 나누어 흐르고 있다고 확신한다.

걸어서 마늘밭인 도맛들까지 다다랐을 때 또 다른 민초의 한을 보았다. 고목에 핀 벚꽃에 세월의 경이로움과 단호함을 동시에 보았다.

원시어업 죽방렴에서 고된 삶의 흔적과 질긴 애착을 느끼고, 상주바닷가에서 덜어내려 하다가 되레 한껏 채워온 기억도 있다.

생전 애국이라곤 모르던 놈이 세계 해전사에 길이 빛나는 우리 조상이 위대하다는 사실을 알고 이순신 장군의 난중일기를 독파했던 열정도 있었다. 투표조차 거부하던 내가 아무렴 몰락보다는 보수를 빙자한 위정자 말고 진짜 보수를 추종하는 까닭이다.

내 고향 같은 향수를 자극하는 것은 이뿐이 아니다. 관광지를 나누자는 것이 아니라 한결같이 반겨주는 벗들이 있어서다. 실수나 무지까지 지혜로 착각하는 그들과 나누는 대화가 이처럼 달달한 추억이다.

자연의 숨결이 오롯이 담긴 옛 땅, 삶을 길에서 배우듯 사색하고 사고하며, 진리의 부스러기들에 기대어 느릿느릿 순한 세상을 살고 싶어진다. 남해에 서면….

실크로드 투루판에서 만난 아이
잘 자랐겠지?
어쩜 우루무치 전사로
자랐을지 모를 일이다

외젠 들라크루아 '이단자와 파샤의 전투'(1827년)
바이런의 시 '이단자'에서 영감을 얻어 그린 작품이다
영국의 대표적인 낭만파 시인 고든 바이런은 물론 유럽 사람들 그리스 사랑 운동은 유별났다 그만큼 그리스와 로마가 유럽의 정신적 뿌리라는 인식이 깊었다

3

미래진행형

역사따라 길을 걷다

인류문명의 통로 실크로드

길에서 만난 인연은 다양한 형태로 내 가슴에 들어왔다. 무의식의 저편에 그들이 보는 세상이 침묵으로 전해왔다. 라블랑스에서 받은 소년의 해맑은 인사는 연꽃이 피어날 때 둔탁하면서도 청량한 미성이었다. 밤의 한기가 가시지 않은 어둑새벽, 찬 언덕에 걸터앉아 신을 향해 물같이 흐르는 행렬을 보면서 지금까지 걸어왔던 궁색한 사연들을 시간의 저편으로 흘려버렸다.

실크로드(Silk Road), 이 얼마나 설레는 말이더냐!

이상은 꿈꾸는 자의 몫이다. 인류 이래 인간의 꿈은 단 한 번도 고여 있지 않았다. 이상은 도전을 낳고 너머의 세상에 대한 동경이 인류문화와 역사를 창조해 왔다. 험준한 산맥도, 메마르고 황량한 죽음의 사막도 막지 못했다. 험하고 거친 만큼 더욱 찬란한 문명이 잉태되었다.

길이란 인류문명의 교류가 진행된 통로다. 길은 역사 속에 묻혀버린 단절이 아니라 살아 숨 쉬는 장대한 길이며, 역사와 문화, 겨레와 겨레, 이웃과 이웃을 연결하는 폭력과 화합의 메신저다. 문명이란 자생적 혹은 모방적인 탄생과 동시에 이동하며 전파하는 속성을 가지고 있다. 문명의 탄생은 교통의 발달과 불가분 관계에 있어 교류의 후진은 문명의 고립, 혹은 후진성을 초래한다.

그런 까닭에 실크로드는 인류 문명의 선구자적 자취가 담긴 길이다. 사람과 사람이 만나 세상을 넓혀 나에서 우리로 확장해 튼튼한 뿌리를 내리게 한 길이다. 동방의 불빛을 따라, 혹은 서방의 이상을 갈망하며 허기를 채웠다. 더 넓은 세상에 대한 동경은 그 무엇도 막을 수 없었다. 메마른 사막을 지나 황량한 벌판을 내달려 지옥의 산맥을 넘을 수 있는 용기를 안겨주었다. 구도자가 묵묵히 법法을 구하기 위해 걸었던 길이며, 혹은 더 넓고 새로운 시장개척을 위해, 슬프게도 정복이라는 명목으로, 시장개척과 값싼 원료를 구하고자 식민지 개척이란 욕망으로 파괴와 폭력에 이용되기도 했다.

중국 서쪽 끝 투루판 교하고성

기원전 2~14세기에 존재했던 고대 서역의 정치와 문화 경제를 주도했던 제국 교하국 수도였다.

14세기 몽골군의 침략으로 폐허로 변하고 말았지만. 마치 흙이 빗물에 젖어 흘러내리는 듯하다. 건물이 흙으로 돌아가는 중이리

실크로드란 말은 대략 140여 년 전부터 사용하기 시작했다. 독일의 지리학자 리히트호펜(Richthofen, 1833~1905)이 1869에서 1872년까지 중국 각지를 답사하고, 1877년부터 『중국』이란 책 5권을 찬술하게 된다. 그는 1권 후반부에 중국에서부터 중앙아시아를 경유해 시르강과 아무강 사이의 트란스옥시아나 지역과 서북인도로 수출되는 주요 물품이 비단이라는 사실을 감안하여 이 교역로를 독일어로 '자이덴 슈트라센'(Seiden strassen : 영어로 Silk Road)이라고 명명한 것이 오늘에 이른다.

동서고금을 망라한 전 문명이 실크로드를 동맥으로 하여 싹트기 시작했으며, 이 길을 이어서 꽃피우고 열매를 맺었다. 실크로드는 한민족의 위상을 드높인 길이기도 하다. 대한민국 최초의 세계인이라 불리는 계림(신라 경주) 출신의 혜초慧超(704~787)를 빼놓을 수 없다. 신라 승려 혜초는 구법자求法者의 길을 걸었다.

외롭고 힘든 구법 행로를 살펴보면 우연히도 오늘날 실크로드에 해당하는 핵심지역을 관통하고 있다. 죽음의 사막도, 험준한 산맥도 막지 못했다. 선구적 세계인이자, 동양의 걸출한 세계인이었다.

8세기 전반에 동아시아인으로는 처음으로 해로와 오아시스로를 거쳐 인도와 페르시아까지 다녀와 현지

견문록인 《왕오천축국전》 이 명저는 마르코 폴로의 《동방견문록》 보다 약 550년 앞서 저술된 세계적 여행기로서 인류 공동의 위대한 문화유산이다.

차디찬 눈은 얼음과 엉기어 붙었고 / 차가운 바람은 땅이 갈라지듯 매섭다 / 넓은 바다마저 얼어서 단을 이루고 / 강물은 벼랑을 깎아만 간다 / 용문龍門엔 폭포조차 얼어 끊기고 말았으며 / 우물 가장자리도 뱀이 서린 듯 얼음이 얼었다 / 불을 들고 땅끝에 오르며 노래 부르지만 / 어떻게 저 파밀고원을 넘을 수 있을까.

위 시는 겨울 어느 날 '토화라'라는 나라에서 눈을 만난 소회를 오언시五言詩로 읊은 것이다.

이 외에도 빠트릴 수 없는 인물이 또 있다. 고구려의 후예인 당나라 장수 고선지高仙芝가 바로 그다. 오아시스로의 가장 험난한 구간인 '세계의 지붕' 파미르고원을 넘나들면서 11년간(740~751년) 5차례나 단행한 서정西征은 세계 전쟁사에 전례 없는 기적으로 기록되었다. 그의 원정에 의한 제지술의 세계적 전파와 중앙아시아 보물의 유입은 중세 문명 교류사에 불후의 업적이다.

사막의 사파이어 중국 밍사산
중국 둔황 인근 밍사산은 바단지린 사막과 타클라마칸 사막 지대에 위치한다. 거대한 용과 같은 모양으로 유사가 퇴적되어 이루어진 모래 산이다. 바람이 불 때 모래가 날리는 소리가 마치 새가 노래하는 듯해서 붙은 이름인데, 입구에서 낙타나 지프를 타고 산기슭까지 오를 수 있다. 산 정상에 서면 둔황 시내가 눈에 들어온다.

그렇다면 실크로드가 과연 이스탄불, 혹은 로마에서 시작되어 중국 시안西安이 종착지라는 통념은 정설일까. 천만의 말씀 만만의 콩떡이다. 실크로드의 개념이나 그 문명교류사적 의미에서 한반도와 관련해 중요한 것은 이 길의 한반도 연장 문제다. 지금까지의 통설에 의하면 구대륙 내에서 전개된 실크로드의 동단東端은 일괄해서 중국이다. 즉 초원로는 화북華北이고, 오아시스로는 장안長安(현 시안西安)이며, 해로는 중국 동남해안이다. 그러나 역사는 그렇지 않다. 한반도에서 발견된 여러 가지 서역이나 북방계의 유물들, 그리고 내외의 관련 문헌 기록들은 일찍부터 한반도가 외부 세계와 문물을 교류하고 인적 왕래가 있었음을 여실히 보여주고 있다. 그러므로 그 교류와 왕래는 틀림없이 한반도로 이어진 길, 실크로드를 통해 이루어졌다.

따라서 실크로드는 한반도와 세계를 소통시킨 길이다. 선사시대에 한반도와 북방 유라시아 사이에 빗살무늬토기 띠가 이루어졌다. 기원을 전후한 시기에 신라는 알타이를 중심으로 동서에 형성된 찬란한 황금문화대의 동단東端에서 '금관의 나라'로 전성기를 구가하였다. 이 길을 타고 그리스·로마문화의 상징인 비천상이나 다채장식기법多彩裝飾技法(Polychrome), 그리고 각종 유리그릇과 뿔잔(각배角杯)이 한반도에 들어왔다.

고대에는 경주 신라를 솔롱고의 나라, 즉 무지개가 뜨는 아름다운 나라, 풍족하고 이상적인 나라로 생각했다. 그들이 동경하는 이상세계 동방의 불빛을 따라 벌판과 사막을 지나 한반도까지 찾아왔다. 이처럼 우리 선조의 정신과 문화는 세상을 훤히 비추고 보석처럼 빛났지만, 그것에만 안주하지 않았다. 풍부한 물산과 앞선 문화의 바탕 위에 서방의 문화를 수용해 우리 민족 특유의 부드러움과 아름다움으로 승화시켜 새롭게 서방세계에 전했던 우리네 선현들이었다.

실크로드 동단정점東段頂點 한반도는 문화의 결정체라고 해도 과언이 아니다. 한류가 결코 우연한 것이 아니듯.

자연의 장엄한 작품. **중국 장이에 칠채산 단아지모**
오랜 세월 지질 운동을 거친 붉은 사암이 풍화되고 퇴적되면서 일곱 가지 색을 내는 특이한 지형을 만들어 냈다.

사막의 석굴사원 둔황 막고굴

둔황은 기원전 2세기 한무제가 흉노를 정벌한 뒤 이곳에 한족들을 이주시켜 지배의 거점 도시로 만들었다. 서역 상인들이 가장 먼저 발을 디디는 이곳인 만큼 교역 도시로 명성을 날렸던 곳이다. 천불동이라 불리는 이 막고굴은 실크로드 불교 미술의 꽃이라 부른다. 366년 승려 낙준이 이곳을 지나는 상인이나 여행자들의 안전한 귀향을 빌면서 석굴 하나를 완성했다. 이후 수많은 승려와 조각가, 화가들에 의해 크고 작은 굴이 생기기 시작했다. 현재 1.6킬로미터 절벽에 벌집 같은 석굴이 뚫려 있다. 혜초가 쓴 《왕오천축국전》 도 이곳에서 발견되었다. 이곳 61호굴의 오대산 지도에 '신라승려사리탑'이란 글씨가 새겨 있어 혜초가 이곳에서 입적한 것이 아닐까 추측한다. 카메라를 가지고 들어갈 수 없어 입구만 담을 수 있었다.

사막의 장엄한 일출. 붉은 기운을 상상한다.
우리는 장엄하나 가혹한 대자연에 둘러싸여 있다.
자연이 주는 풍요 속에서 엄중한 정신과 건강한 육체를 유지할 책임이 있다. 자연이나 인간 세상이나 잔혹하기 짝이 없다.
그러나 이 세상에 태어난 이상 영혼을 단단히 부여잡고 싸워서 이겨야 한다. 패자는 태어난 의미를 상실한 자다. 그런데 싸우기 싫다. 내가 선택한 세상이 아닌 까닭이다.

인류 문명의 박물관 이스탄불

일명 '세계사의 축소판'이라 불리는 이스탄불은 그만큼 역사와 희로애락의 사연이 켜켜이 쌓였다는 말이다. 감히 몇 줄의 글로서는 그 양을 담을 수 없을뿐더러 깊은 사연을 온전히 밝힐 수 없어 객기를 꺾는다.

용기는 비겁과 만용이 결합한 것이라고 한다. 웅변가의 날랜 혀는 영혼을 춤추게 하고, 화가의 춤추는 붓도 마음을 움직여 설득하는데, 미련한 스토리작가가 이 빠진 칼로 휘두르는 미천한 글은 부메랑이 되어 목을 향할까 걱정이다.

궁여지책, 느낌만 밝히고 우리와는 색다른 문화에 대한 접목으로 광대한 이스탄불을 우리네 누정樓亭의 대청이나, 그것도 사치일 양 하면 초가삼간 툇마루에 앉아 바라보고자 한다. 낭비와 인색한 마음이 합쳐진 너그러움을 몰염치한 수줍음으로 기대한다.

이스탄불에서 받은 몇 번의 감동은 되새김질할수록 행복한 기억으로 차오른다. 낯설고 기대에 찬 첫걸음은 첫사랑의 소녀를 대할 때처럼 설레고 간혹 불안하다. 그러나 만 하루가 지나고 이튿날이 되면 장돌뱅이 삶은 스스로 현지인이 되어 발걸음은 리듬을 탄다. 인파에 파묻혀도 생소한 모습은 비단 나 만이다. 그들은 나를 별난 종으로 취급하지 않아서다. 눈에 띄는 사람 태반이 여행자다. 그 속에 묻혀 약간 별나게 생긴 종으로 티 나지 않게 묵묵히 다니면 됐다. 하긴 말 못 하는 벙어리요, 말귀 어두운 귀머거리인 까닭에 이만큼 살아왔던 경험을 거름 삼아 눈치로써 잡고, 며칠이 지나 알량한 자부심이 쌓일 즈음에 약간의 여유만 부릴 수 있으면 그만하면 됐다.

길에서 만난 생소하게 생긴 모습과 얼굴, 머리에 형형색색, 혹은 검은 천 조각의 히잡을 뒤집어쓴 모습은 영화 'ET'의 외계인 뒤통수를 닮았고, 하늘에 끝날 듯 이어지며 울리는 코란의 구슬픈 소리는 그 속뜻을 알 리 없는 이방인의 무던한 가슴을 속절없이 뒤흔든다. 하늘을 향한 인간의 간절함에 비둘기 떼가 창공을 유영하며 소망을 부채질한다. 우연히 마주친 중년 여인의 눈빛에 부디 좋은 시간 보내라는 알라의 축복을 넌지시 담아 보내면 출처도 알 수 없는 기쁨과 설렘이 교차한다. 흥정 끝에 "알라께서 좋아하실 거다."란 말에 온정이 담겼고, 나보다 더 나를 궁금해하는 젊은이들 들뜬 목소리에 한류의 위내함을 느꼈다. 문화의 역수출은 여행자에게 자긍심의 뼈로 작용했다.

인연도 어느 바람에 실려 온 운명처럼 한 사람의 인생에 개입한다. 수많은 기억 중에 하필이면 사람일까. 편견은 결론에 이르는 절차가 매우 빠르며 편리하고 효율적이다. 번거로운 생각을 단번에 건너 성급한 판단을 부채질한다. 이슬람에 대한 필자의 태도가 그랬다.

"우리가 만나는 사람들 중에는 조금만 시간이 흘러도 망각의 늪 속으로 사라져버릴 사람이 있고, 아무리 많은 시간이 흘러도 기억의 강기슭에 남아 있을 사람이 있다. 혹시 그대는 지금 망각의 늪 속으로 사라질 사람을 환대하고 기억의 강기슭에 남아 있을 사람을 천대하고 있지는 않는가." 기행을 일삼다 최근에 고인이 된 우리 문단의 어느 글쟁이가 이와 비슷한 말을 했다.

히잡을 쓴 아리따운 아가씨의 악마도 녹일 온정과 청순함에 반했다. 수컷의 저렴하고도 끝 간곳없는 위대함이 여지없이 드러나는 순간일까. 변명하면 아니다. 길은 길로 통한다는 무지막지한 생각은 결국 막다르고 생소하기 짝이없는 길로 안내했다. 타지에서 보는 무심한 석양의 노을은 어둠의 그림자에 서러움이란 양념을 첨가할 뿐이었다. 시각장애까지 덧대자 그 막막함에서 난생처음 알라께 부탁을 드렸다. 아무래도 이곳에서는 알라가 더 위대할 듯해서다. 역시 신은 나를 버려두지 않았다. 아직은 써먹을 곳이 남았다고 판단했던 모양이다.

히잡에 드러난 지극히 깊고 청량하게 맑은 눈과 백합을 닮은 화사한 피부를 한 얼굴은 여지없이 소녀였다. 우리네 지고지순한 순정도 아닌, 산뜻한 도심에서나 볼 수 있으나 세상의 더러움과는 전혀 어울리지 않을, 비정한 막다른 골목을 압도하고도 남을, 쾌락이라는 무책임한 행위와는 일체의 간극도 허용치 않을, 청춘의 광휘가 넘치는 그녀가 멈칫멈칫 갈 듯 말 듯 내 생각을 먼저 읽었다. 전대미문 신기한 일이 벌어지고 있었다. 내 얼굴을 기억하는 사람은 이 말뜻을 이해하고도 남음이 있을 것이다. 각설하고, 미소조차 뽀얗게 다가온 그녀는 일말의 의심도 없는 천상의 천사였다.

타국에서 가장 잘할 수 있는 언어, 내 침묵의 body language는 오케스트라 지휘자를 능가했다. 나와 눈을 맞추며 보는 내내 얼마나 답답했을까. 그러나 편견의 기대처럼 매우 침착했다. 그리고 통했다. 자신의 휴대폰을 들어 어디론가 전화를 걸었다. 그리고 나에게 10분 뒤에 택시가 올 것이라 알려주었다. 정말 10분이 지나자 내 앞에 택시가 멈췄다. 그녀는 몇 대의 버스를 그냥 보내면서까지 나를 위해 희생했다. 택시 기사에게 다짐을 잊지 않았다. 로마에서? 런던에서? 마드리드에서? 거의 일어날 수 없는 일이 인류 역사가 혼재된, 간혹 우리가 색안경을 끼고 보던 이슬람 제국 터키 이스탄불에서 일어난 일이다.

단 한 번의 만남으로 오랜 시간 길에서 시달린 여행객에게 한 모금 청량제 같은 인연이었다. 택시에 오르며 본능처럼 그녀와 눈을 마주쳤다. 도무지 말로 설명이 되지 않을, 세상을 다 주어도 바꾸지 않을, 웃음과 행복이 뒤섞인, 그다지 다채롭지도 수다스럽지도 않은…, 그 얼굴이 가슴에 각인되어 평생 지워지지 않는 화석이 되었다. 유난히 짧은 엄지를 들어 고마움을 표시했을 뿐이다. 그날부터 마음에 향기가 풍겼나. 험악한 인상도 무넌히 좋았다. 발설음노 리듬을 타며 응원했고, 세상의 빛은 마치 천사들이 내려와 이스탄불 대기에 뿌려놓은 듯했다. 바람도 내가 원하는 방향으로 불어주는 착각에 참 행복한 시간이었음을 밝힌다. 언감생심 그녀도 나만큼 나를 떠올렸으면 참 좋겠다.

역사 속 인물과 역사에서 보았던 건축물을 보며 자박자박 걷는 내 마음에 은빛 희망이 반짝였다. 타임머신을 타고 역사를 거스른 현장에 당대 현지인이 되어 슬픔과 아픔에 동참한다.

돌마바흐체 궁전에서 만난 큐레이터와의 역사와 대지를 뛰어넘는 교감, 갈라타 다리에서 맛본 고등어케밥의 생소한 모습이나 익숙한 맛, 콩나물시루 같은 전철에서의 친절한 안내는 이방인의 긴장을 일순간에 허물고, 히잡을 두른 여인들의 묵언 속에서 건네는 정감 어린 표정은 마음에 빗장을 해체시켰다, 복잡한 도로 사정에도 양보하는 동양의 예절, 이집션바자르에서 신이 내린 절세미인 앞에서 길 잃은 시선, 그리고 다리 아픈 기억, 겨우 벗어났을 때 따뜻한 차를 권하던 노년만이 펼칠 수 있는 황혼의 미덕, 덤을 주는 모습은 우리네 어머니 아버지와 다르지 않았고, 듬성듬성 이가 빠진 할아버지의 순한 웃음은 물리적으로 그어놓은 국경을 허물기에 충분했다. 지난 과거는 그저 당대를 살았던 그네들 몫일 뿐, 그들에게는 허세도 가식도 없었고, 종교도 문화도 정치도 민주화도 중요하지 않은 듯했다. 종교는 분열을 획책하지만, 믿음은 화합을 가져온다고 한다. 그들 마음속에는 사랑과 믿음뿐이 듯했다.

성 소피아성당에서 아기 예수를 안은 성모, 최후의 만찬, 그리고 콘스탄티누스 9세와 황후 조에를 만날 수 있었던 것은 역사가 준 승자의 관용이었다. 술탄 메메트 2세는 성 소피아성당을 이슬람의 모스크로 변신시키면서 믿음의 방식만 다른 신은 하나, 이들의 혼이 잠재된 벽화를 훼손하지 않고 그 위에 회칠한 후 장식했다. 그 덕에 지금의 성당 내부에 알라를 향한 찬사와 기도를 위한 제단, 우리나라에서 당초문이라고 부르는 아라베스크 장식의 천장과 벽면을 수놓은 섬세함이 가득한 이슬람의 가르침, 양쪽 기둥 꼭대기 둥근 판에 쿠란의 구절이 새겨져 있고, 그 가운데 성모 마리아와 아기 예수가 굽어보고 있다. 오랜 세월 잠에서 깨어난 가톨릭, 그리고 로마 황제, 동서가 혼재하고, 이슬람과 기독교가 공존하면서 진정 평화는 이러이러하다며 창을 통한 빛줄기로 간곡하게 사정한다.

아프로디테의 신전을 지우고 신의 성스러운 평화를 위해 성 이레네에 헌정된 제국 최초의 성당 '성 이레네'의 빛바랜 건물, 지하궁전 예바레탄 사라이에서 만난 거대한 기둥에 눌린 것도 모자라 물에 잠긴 채 바라보던 메두사의 슬픈 시선, 배를 산으로 옮기던 상상의 나래를 펼치며 탁심광장에서 갈라타타워를 향하는 번잡한 거리의 환호를 기억한다.

콘스탄티누스의 거대한 원형경기장을 기대했다가 달곰한 꽈배기를 연상하는 뱀의 기둥에서 델포이 신전을 그리워했던 기억, 그리고 초라하다 못해 처참하기만 한 콘스탄티누스의 기둥, 이스탄불은 그렇게 내게 와 편견과 통설을 뛰어넘는 하나의 과정을 동반한 명작으로 거듭났다.

길에서 만난 얼굴들이 시시때때로 떠올라 가슴을 적신다. 사람의 꿈을 들여다보면 그 내면을 알 수 있다는데, 사람들에게서 '긍정의 힘'과 현실에 감사하는 '신의 은총'을 읽을 수 있었다. 명분과 욕심에 집착한 나머지 실수를 인정하지 않으려 했던 과거의 내 가난한 삶은 이제 그 의미를 잃었다. 선善과 악惡, 미美와 추醜의 경계를 필요에 따라 편하게 오간 인생은 줄타기의 연속이었다. 이번 여행에서 맹목적인 순종자에 불과했던 내가 더욱 뚜렷하게 보였다. 오롯이 내 삶의 길과 마주했던 소중한 시간이자, 삶 자체가 풍요로워진 참 맛있는 여행이었다. 여기까지가 이스탄불에 대한 짧은 소회다.

폭력의 뇌관 발칸반도

비극의 땅 발칸반도는 수많은 침략자에 의해 짓밟힌 역사를 안고 있어 마치 역사상 3천 번 이상 이민족 침략에 시달린 한반도와 흡사하다.

아름답기 그지없는, 진정 하늘이 내린 경이의 풍광을 자랑하는 곳이자 수많은 신화가 살아 숨 쉬는 발칸반도다. 유럽문화의 모태이자 신들이 지배했던 땅 그리스, 작지만 감성이 충만한 나라 슬로베니아, 선남선녀들이 에너지를 발산하는 크로아티아, 힘과 저력이 넘치는 잠재적 강국 세르비아, 너무 아름다워 어딘가 슬픔이 묻어 있는 보스니아-헤르체고비나, 로마인 영광을 오롯이 간직한 루마니아, 늘 힘이 넘쳤던 불가리아, 이탈리아어로 '검은 산'을 불리는 험난한 산악지형의 몬테네그로, 발칸반도에 슬라브족이 들어오기 훨씬 이전부터 터전을 닦았던 알바니아, 그리고 필자의 가슴에 감동과 분노를 동시에 심어주었던 코소보도 있다.

△ 그리스 아테네 파르테논 신전

그 이면에는 '세계의 화약고'란 수식어가 붙은 팽팽한 긴장이 서린 지역이란 사실이 슬프게 했다. 천몇백 년을 이어온 폭력의 과거가 씨앗이 되어 또 다른 폭력의 줄기로 굳건하게 자라고, 끝나지 않는 분쟁의 촉수가 꿈틀거리며, 종교와 민족, 역사를 따라나선 질긴 인연, 문화와 인물이 뒤섞여 도무지 풀리지 않은 엉킨 실타래 같은 반도다.

일곱 개의 국경과 맞댄 채, 여섯의 공화국이, 다섯의 민족으로, 네 개의 언어와, 셋의 종교, 그리고 두 개의 문자로 뒤섞인 채 하나의 국가를 이룩했던 구 유고슬라비아의 휴면계좌가 미련을 유혹하는 땅이다.

길 잃은 역사를 따라 폭력의 과거를 잊지 말자고 지하로부터 붉은 기운이 요동치고 있다.

한반도 땅 2.5배, 이탈리아반도의 2배, 산이 많은 녹색의 땅, 동양과 서양이 만나는 교차점, 고대 로마제국의 첫 침략의 대상이 되었던 땅, 나라가 생기기 이전에 유순한 사람들이 달마티아, 일리리아, 트라키아, 불가리아, 헬라스 등 각각의 지역에 흩어져 살던 터전이다.

불안한 평화를 이어가는 현재 진행형의 분쟁지역, 너무 많은 억척의 사연을 생산해 돌이킬 수 없는 상처를 품은 채 오늘을 살아가는 사람들, 제국의 포화를 고스란히 견딘 질긴 민족들이 뒤엉킨 한을 품은 땅, 가장 민족적인 것이 가장 인간적이라고 철석같이 믿는 사람들, 작은 산줄기 좁은 물줄기에도 슬픔과 아픔, 환희와 즐거움이 교차하는 애환의 터전, 건물 외벽의 포탄 자국이 가슴에 납덩어리처럼 붙어버린 현실, 폭력을 좋아하진 않지만 국가와 민족을 위해서라면 언제든지 응할 준비가 되어 있다는 민족, 순진한 사람을 선동해 민족이란 이름으로 살육을 정당화하게 만든 영웅이 누워있는 땅, 그런 까닭에 그 누구도 쉬이 해결의 열쇠를 쥘 엄두조차 내지 못하는…….

△ 보스니아 사라예보에서 가장 큰 시장 마르칼레 터. 1993년 7월 23일 세르비아 민병대의 포격으로 민간인 68명이 사망하고 150여 명의 크고 작은 부상자가 생겼다. 그리고 1년 6개월이 지난 어느 날 재차 폭격으로 37명이 죽고 75명이 다쳤다.

또 있다. 가톨릭과 이슬람 종교분쟁의 뇌관이 여전히 작동하는 땅, 무지가 부와 권력이 결합되면서 나락으로 떨어진 인격이 애국이란 이름으로 재포장 되는 곳, 이웃과의 갈등은 물론 같은 나라임에도 성격을 달리해 불운한 동거를 이어가는 이상한 나라가 있는 반도, 나의 신은 절대자요, 너의 신은 악이라는 이분법적 사고가 정당한 사회, 복수가 정의와 미덕으로 포장된 나라, 이웃과 원수를 사랑하라는 절대자의 말을 당당하게 무시하면서도 천국에 가려는 인간이 북적대는 곳, 그래도 희망이란 기름으로 번들번들 칠한 십자가가 도서관보다 많은 세상, 비장감이 억눌러 슬프면서 비통함을 상대방 응징의 꿈으로 대체시킨 사람이 살아가는 땅이다.

동방 페르시아제국의 질긴 욕망으로 입은 상처, 알렉산드로스로 시작되는 폭력 미화는 비잔티움제국으로 이어지고, 로마의 땅이 되었다가, 같은 기독교도인 십자군의 약탈, 질풍노도 훈족의 발칸 유린에 이어 이슬람 제국의 침탈, 몽골의 파죽지세의 잔혹사, 전대미문 사마르칸트의 티무르의 이유 없는 살육전, 노르만족의 민족이동에는 필연적으로 따르는 폭력, 나폴레옹도 이 대열에 빠질 수 없다.

그리고 두 차례의 세계대전을 겪으면서 어제의 적이 오늘의 동지가 되고, 오늘의 동지가 같은 하늘 아래서 결코 함께할 수 없는 원수로 돌변하는 상황은 이들 표현대로 진정 신의 뜻이었다. 그러는 가운데 전사가 등장하고, 민족 영웅이 탄생하면서 나라의 정신적 구심점이 되어 자부심이 충만해졌다. 크로아티아 민족주의, 대세르비아주의, 대슬라브주의, 그리고 어떻게든 살아남으려는 소수와 인간의 욕망이 부추긴 폭거는 정의와 부정의가 아니라 피아구분조차 할 수 없었다. 20세기에 일어난 인종청소, 민족주의 이름으로 행해진 살육의 드라마는 21세기에 와서도 그 징후는 잠들 기미조차 없다.

얼마 전 고인이 되신 신영복 님이 쓴 《담론》에 "국가란 본질에 있어서 폭력적이며 잠재적 전쟁기구다"란 말이 가슴에 와닿는다. 전쟁으로 공을 세운 사람만 떠받들지 말고, 평화의 시대를 위해서 일하는 사람도 가슴에 새기란 뜻이다. 묵자의 말이다.

"집에 불이 나기 전에 굴뚝을 수리하고 아궁이를 고친 사람의 공로는 아무도 알아주는 이 없지만, 불난 뒤에 수염을 거슬려가며 옷섶을 태우면서 뛰어다닌 사람의 공로만을 널리 인정하지 말라"

1996년 세르비아 민병대에게 학살당한 보스니아인 스레브레니차 집단 매장 발굴 현장이다. 보스니아 참상을 그대로 보여주고 있다. 여자와 아이는 자비를 베푼다고 선전했지만, 이 모두 거짓이었다. (사진 출처 Photograph provided courtesy of the ICTY)

세르비아 고도古都
스메데레보

세르비아 수도 베오그라드에서 동쪽을 향해 버스로 한 시간을 달리면 스메데레보가 나온다. 인구 7만 명이 채 되지 않은 도시지만, 베오그라드 지척에 있는 만큼 유구한 역사를 간직하고 있다. 도나우강이 도심을 감싸고 흐르고, 강물을 바라보며 낡은 석축 성벽이 우뚝 솟아서 "옛날 옛적에…."로 시작하는 폭력의 역사를 서둘러 입을 연다. 로마제국 당시에는 로마 땅이었다가 오스만제국 시절에는 이슬람 땅이자 세르비아 수도 역할을 톡톡히 해낸 침탈과 아픔이 담긴 저력(?)의 도시다. 그리고 오스만과 헝가리 국경을 긋는 지리적 전략적 요충지였다가, 2차 세계대전이 터지고 나치군 긴 장화발이 장악하면서 하켄크로이츠 폭력을 온몸으로 맞아야 했다.

인간의 능력은 창조와 건설에 발휘되지만, 모방과 파괴에 더욱 뛰어난 재능을 자랑한다. 이 도시를 찾는 이방인은 낡아 초라하기까지 한 스메데레보의 성

을 보기 위해서다. 도나우강과 사바강 합류 지점 베오그라드 칼레메그단 요새처럼 도나우강과 스메데레보

도심을 관통하는 예자바강 사이 두물머리, 혹은 합수머리에 버티고 있어 사람들은 '물 위의 성'이라고 부른다. 성으로 들어가기 위해서는 기차역을 지나야 했다. 성 입구 허물어져 가는 성벽과 마치 띠처럼 어울리는, 언제부턴가 멈춘 녹슨 열차의 처연한 모습은 시공을 뛰어넘는 역사의 현장이었다.

도나우강이 도심을 감싸고 흐르고, 강물을 바라보며 낡은 석축 성벽이 우뚝 솟아 있다. 로마의 땅이었다가 오스만제국 땅이자 세르비아의 수도 역할을 톡톡히 해낸 침탈과 아픔이 담긴 저력(?)의 도시다. 그

리고 오스만과 헝가리의 국경을 긋는 지리적 전략적 요충지였다가, 2차 세계대전이 터지고 나치의 긴 군홧발의 폭력을 온몸으로 맞아야 했다.

스메데레보성은 1430년 무렵 세르비아공국 군주 브란코비치 명에 의해 세워졌다. 물론 장기간 공성에 대비한 수성의 역할이 성 내부 곳곳에서 어렴풋이 나타난다. 성벽 두께 2m, 한눈에 보아도 콘스탄티노플 성벽을 본뜬 거대한 돌들로 이루어진 비잔티움 스타일이다. 25m 높이 망루(성 전체에 25개의 망루가 있었다), 우물, 화장실, 마구간, 계급과 신분의 차에 따라 거처의 높낮이 차이도 애써 찾아보았다. 한 곳에서 알게 모르게 복원작업이 이루어지고 있긴 하다만, 지원금이 딸려서인지 급할 것 없는 모습이다. 세월에 허물어지고, 인간에 의해 파괴되고, 원형은 상상으로도 거의 불가능하니 입체 그림을 그려내는 소프트웨어 성능도 달리는 까닭이다. 그럼에도 불구하고 세르비아에서 무척 드물게 보존상태가 좋은 편이라니 할 말을 잊는다. 관광객 낙서에 온몸을 그대로 맡기는 구간도 있다.

우리나라 청잣빛 하늘을 닮은 도도하게 흐르는 물길을 바라보며 마음을 풀어 놓고 그야말로 멍때리기에 좋은 곳이다. 그러나 늘 시간을 급조해 바쁘게 살아가는 현실쟁이는 형태를 잃어버린 채 서 있는 성채 구석구석을 돌아다니기에 바빴다. 돌계단과 금방이라도 허물어질 듯한 나무계단을 오르내리며 전쟁의 화급함을 상상했다. 아비규환 속 절규도 그렸다. 그러다 좁은 아치형 통로를 몇 개 돌아서자 탁 트인 망루에 닿았다. 건너편 도나우강을 바라보는 망루가 외성外城의 존재를 알렸다. 독일 남부 산악지방에서 발원해 흑해로 흘러드는 물길 그 아랫부분에 속하는 스메데레보 도나우강은 그래서 더 넓고 잔잔하며, 한적하기까지 하다. 다분히 세월에 삭아 내린 성채와 고색창연하게 어울리며 장엄하기까지 했다. 허물어지는 성벽 아래를 걷는 젊은 아낙과 조막만 한 아이는 무슨 생각을 할까. 해맑은 아이 얼굴을 바라보며 동방의 수도자 글이 생각났다.

"네가 무한한 사랑과 하나가 되는 순간에 겸손해지기를 바란다."

이방인에게 또 하나 잊을 수 없는 것은 역시 낯선 곳에서 먹거리다. 스메데레보성, 길차길옆 오두막 식당, 비록 낡은 비닐 조각으로 안과 밖의 경계를 구분하고 있었지만, 그곳에 머리를 숙인 채 우연히 들어서서 맛본, 메뉴판을 들고서도 도무지 이름을 읽을 수 없는 음식이었다. 빵과 빵 사이에 두께 2cm 됨직한 다진 쇠고기를 넣고 토마토를 비롯해 양파 등 채소가 가득 들었다. 우리나라 햄버거와는 맛은 물론, 크기에서도 비교가 안 된다. 대·중·소가 있어 가장 작은 것을 주문했다. 상상했던 것보다 어마무시한 크기라서 실수로 잘못 나온 줄 알았다. 인근 막노동으로 생계를 이어가는 사람들을 위한 음식이란다. 포장해가는 손님이 대부분이다.

넌지시 분주하기 짝이 없는 주방을 훔쳐보다가 깜짝 놀랐다. 훈제불판에서 익어가는 고기 중 가장 큰 것이 우리나라 개다리소반 너비만 했다. 콜라와 곁들여 먹는 맛 또한 일품이다. 사이사이 구멍이 숭숭 뚫린 부드럽고 촉촉한 빵과 잘 구워진 다진 고기가 맛있게 어울렸다. 때마침 참새 두 마리가 나눠 먹자며 교대로 식탁에 앉는다. 저 쪼끄만 참새조차도 제 눈에는 낯선 이방인 생김이 만만한 게다.

검은 새의 들녘- **코소보 전투**

1386년에 불가리아 소피아와 세르비아 니시를 함락한 이슬람의 오스만제국은 1389년 6월 28일, 오늘날 세르비아 민족 성지인 '검은 새의 들녘'으로 불리는 코소보 대평원에서 세르비아 군대와 마주했다. 세르비아 수호신이자 성자 성 비투스의 날,(1914년 가브릴로 프린치프가 오스트리아 황태자 부부를 암살한 그날도 성 비투스의 날이었다) 운명을 건 결전이 시작된다.

크로아티아와 보스니아 일부 군대를 제외한 다른 나라들은 이미 다 떨어져 나간 상태였다. 세르비아군을 중심으로 자칭 십자연합군 10만, 오스만 6만이 진을 쳤다. 세르비아 농민들까지 동원된, 그야말로 세르비아인의 신화가 탄생하는 역사적인 날이 시작된 것이다.

세르비아에서는 귀족들에 의해 떠밀리듯 왕에 등극한 라자르가 선두에서 지휘를 맡았다. 오스만트루크

군대는 가운데 무라트 1세가 지휘봉을 휘둘렀고, 오른쪽에는 큰아들이자 훗날 '번개왕'으로 등극하는 바예지드가, 왼쪽 날개는 형에 의해 죽임을 당하는 작은아들 야쿠브가 지휘했다.

△ 코소보 전투(아담 스테파노비치. 1832~1887. 세르비아)

라자르 신호와 함께 세르비아군 선공으로 전투가 시작되었다. 이렇게 시작된 전투는 밀고 밀리기를 반복하며 꼬박 하루를 넘기며 이어졌다. 세르비아 역사상 이토록 치열하게 전개된 전투는 일찍이 없었다. 점차 세르비아 왼쪽 진영이 무너지면서 전세가 이슬람 쪽으로 기울기 시작했다. 승기를 잡은 이슬람 군대는 기세를 올렸다. 세르비아군 역시 물러서지 않았다. 그러나 승기를 빼앗긴 세르비아로서는 역부족이었다. 이 전투에서 세르비아군은 최후의 한 명까지 영웅적인 죽음을 맞았고 오스만트루크제국이 승리했다. 대신 무라트 1세도 목숨을 잃어야 했다.

후세에 와서 이 전투가 세르비아 민족주의 형성에 지대한 영향을 끼친 사건으로, 세르비아인 가슴에 화석처럼 각인된다. 누구의 도움 없이 발칸반도에서 이슬람제국에 마지막까지, 최후의 일인까지 항전했던 역사적 사실은 전무후무했던 것이다. 그리고 이 과정에서 신화적이며 영원한 영웅 밀로슈 오빌리치 영웅담이 탄생하며 세르비아인 가슴을 덥혔다. 영웅전에 의하면 세르비아 귀족이자 선봉대장 오빌리치는 짐짓 거짓 항복을 해 무라트 1세의 환심을 산다. 그리고 품속에 무기를 숨기고 들어간 오빌리치는 기회를 엿보다 무라트 1세의 가슴에 칼을 꽂아 넣는 데 성공하고, 그 역시 오스만 군사들에 의해 장렬하게 죽음을 맞는다.[1]

그러나 장수만 죽으면 전쟁이 끝나는 줄로만 알았다면 크나큰 오산이었다. 아들 바예지드는 군사를 물

1) 다분히 의도된 스토리텔링이다. 밀로슈 오빌리치가 거짓항복을 한 것이 아니라, 상처를 입고 전사자 속에 엎드려 있다가 전장을 돌아보던 무라트 1세를 발견하고 순식간에 달려들어 죽였다는 것이 정설이다.

리기는커녕 슬픔을 뒤로한 채 하늘에 아버지 복수를 다짐하고 전술을 가다듬었다. 바예지드는 뛰어난 검투사였다. 그는 이슬람 병사들을 향해 복수의 칼날에 살기를 불어 넣는다. 결국 농민군까지 끌어 모아 항전했던 라자르는 바예지드에게 사로잡히는 몸이 되고 만다. 바예지드는 라자르의 목을 자르며 하늘을 향해 울부짖었다. 아버지의 원수를 갚은 것이다.

이로부터 세르비아는 무려 400년 동안 오스만트루크제국 압제 아래 들어갔다. 한편 이 싸움을 세르비아가 이겨주기를 간절히 바라며 강 건너 불구경의 자세를 견지했던 비잔티움제국은 1453년 메메트 2세에 의해 함락당하면서 발칸반도는 이슬람제국으로 오롯이 편입되게 된다.

오스만트루크제국에 의해 멸망한 세르비아 네마냐왕조는 역사의 현장에서 완전히 사라지고 말았다. 이슬람 지배로 세르비아인 정신은 물론 삶 자체도 낡은 흑백사진처럼 정지된다. 어둠의 시간, 그야말로 암흑시대, 그 중 세르비아 정교만이 바람 앞의 촛불인 양 희미한 불빛을 간들거리고 있었을 뿐이었다. 세르비아정교가 이들에게 유일한 믿음이자, 희망이었던 셈이다. 그러다가 19세기 초가 되어서야 민중 독립항쟁이 일어나고, 민족주의자들에 의해 지난 역사가 되살아났다.

1919년 세르비아 우로스 프레디치 작.

'코소보의 처녀' 그림과 관련된 코소보의 전설이 있다. 코소보에 한 아름다운 여인이 있었다. 그에겐 결혼을 약속한 연인 밀란 토플리카라는 기사가 오스만제국의 침공으로 연인의 형제와 함께 코소보 전장 터로 나갔다. 그녀도 뒤를 따랐다. 그녀는 연인을 찾아 헤매며 부상자에게 물과 빵을 주었다. 마침내 그녀는 연인을 만난다. 이 그림은 그녀가 죽어가는 밀란 토플리카에게 물을 주는 장면이다. 그는 그녀에게 연인과 그의 형제들은 모두 죽었다고 전하면서 그들이 죽은 곳을 가리키며 죽는다. 이 시의 끝부분이다.

"오 불쌍한 이여, 악마가 그대의 운명이구려! 불쌍한 당신이 그 푸른 소나무를 잡는다면 그것마저 시들어 버릴 것이니!"

세르비아 사람들은 600년을 이어오며 이 노래를 불렀다. 그러면서 가슴에는 의기가 충만하고, 민족혼이 가슴을 쿵쿵 쳤다. 코소보는 세르비아인 가슴에 민족 성지로 굳어갔다.

세르비아와는 반대로 동로마, 즉 비잔티움제국이 멸망하면서 동방의 기술자와 지식인들이 이슬람을 피해 서쪽으로 몰려들었다. 이들에 의해 서구사회는 급속하게 발전하면서 기술과 의술, 선진과학의 이식은 르네상스의 자양분이 된다. 이때부터 종교개혁의 물결과 더불어 과학이 혁명적으로 발전했으며, 민주주의와 산업혁명의 발달로 자본주의가 뿌리내리는 토양이 된다.

드디어 중세가 몰락하고 근대 자본주의가 본격적으로 등장하고 산업 부르주아 계급이 나타나기 시작하였다. 합스부르크왕가 오스트리아 지배를 받고 있던 슬로베니아와 크로아티아는 어떤 시각에서는 행운이라면 행운이었다. 서구 발전과 함께 자연스럽게 선진문물을 수용하며 자신도 모르는 사이에 세계사 흐름에 동참하고 있었다. 종교 역시 정교에서 로마 가톨릭으로 개종을 거듭했다. 훗날 이것이 또 하나 갈등의 요소로 작용하지만 말이다.

체코 프라하에서 만난 길거리 화가

나 : 이게 굴러갈까요?

화가 : 굴러가는 것처럼 보여요?

나 : 예

화가 : 그럼 바보처럼 왜 물어.

나 : 띠바!(우리말로)

코소보 코소보야

세르비아 민족주의 정신적 지주 스테판 듀산. 세르비아 민족주의자들은 그가 차지했던 땅 모두 세르비아가 차지해야 할 땅이라고 철썩같이 믿는다.

보스니아 수도 사라예보에서 세르비아에서 온 신혼부부와 호텔 식당에서 우연히 만났다. 대화 중간 코소보 프리슈티나에서 오는 길이라고 하자, 신부가 매몰찬 음성으로 대꾸한다.

"코소보가 나라라고?"

세르비아인으로서는 자신들의 성지이자 절대로 포기할 수 없는 땅 코소보다. 중세의 걸출한 영웅 스테판 듀산은 세르비아와 함께 지금의 크로아티아, 보스니아-헤르체고비나, 마케도니아, 알바니아는 물론 코소보까지 넓은 영역을 지배하고 있었다. 대세르비아민족주의 상징적 완성이자 민족의 가슴에 칼날로 새겨진 국경선이다. 듀산이 지배하던 땅이 대세르비아주의의 국경이 된다. 이는 필연적으로 절대 폭력을 불렀다.

세르비아 민족주의 자존 스테판 듀산은 누구일까?

세르비아 네마냐 왕조 이후 100여 년이 흐른 뒤 세르비아 역사상 최전성기를 구가한 스테판 듀산이 등장한다. 그는 세르비아 역사에 있어 가장 유명한 군주, 세르비아 최초의 황제로 등극하는 영웅이다. 그만큼 그가 제위에 있는 동안 영토 확장 전쟁으로 하루가 시작되고 저물었다는 뜻이다.

1331년에는 발칸을 넘어 유럽 전역에서 무시할 수 없는 강자로 거듭났다. 그래서 후세 역사가들은 스테판 듀산 앞에 '강자強者'라는 별칭을 붙여 이미지를 상승시켰다. 스테판 듀산 스스로 세르비아인을 비롯해, 그리스인, 불가리아인, 알바니아인의 황제라 부르며 발칸반도에 위세를 떨쳤다. '세르비아와 그리스의 왕'이라 부르며 자신이 통치하는 모든 영역에 세르비아 정교회 확산을 기획하고 실행에 옮겼다.

각설하고, 세르비아는 오스만트루크 침략에 맞서기 위해 귀족들은 스테판 듀산의 후손 라자르를 왕위에 앉혔다. 이어 코소보 폴예(Kosovo Polje)에서 발칸반도의 새로운 지배자 오스만트루크제국 무라트 1세와 일전을 겨룬다. 1389년 6월 28일, 세르비아의 수호신이자 성자 성 비투스의 날, 오늘날 세르비아의 민족 성지인 '검은 새의 들녘' 코소보 대평원에서 그야말로 세르비아인의 신화가 탄생하는 역사적인 사건이 벌어졌던 것이다. 이 전투에서 세르비아군의 전멸이라는 쓰라린 패배를 맛보아야 했다. 그러나 최후의 일인까지 발칸에서 마지막으로 이슬람제국에 항전했다는 그 자체만으로도 결코 잊을 수 없는 민족 무용담이자, 세르비아 민족혼이며, 민족정기가 서린 성지가 탄생했다. 세르비아가 코소보를 결코 포기할 수 없는 중요한 이유다.

그리고 오스만트루크 무라트 1세를 죽인 세르비아의 귀족 밀로슈 오빌리치의 이야기가 신화로 재탄생되고, 노래로, 전설로 스토리텔링 과정을 겪으면서 세르비아 민족의 '뜨거운 심장'으로 남아 가슴을 요동치게 했다.

어쨌거나 오스만트루크제국은 마지막까지 자신들에게 항전했던 땅이라는 이유로 풀 한 포기 남겨두지 않았다. 그야말로 코소보는 황무지로 변했고, 이곳에 살던 세르비아인들이 이슬람의 학정을 피해 북쪽으로, 남쪽으로, 혹은 서쪽으로 몸을 피하면서 오늘날 코소보가 무주공산으로 변했다. 그러자 시간이 점차 흐르고 인근 알바니아인들이 몰려들어 터전을 잡고 살았다. 그들의 후손이 지금 코소보에서 살아가는 알바니아계다.

코소보 대통령을 지낸 하심 타치가 코소보 구국의 영웅인지는 평가하기 이를지 모른다. 그로부터 시작해 수많은 인명이 희생되었다는 사실은 반드시 짚고 가야 한다는 뜻이다. 그가 아니었더라도 어차피 일어날 폭력이었다고 항변할지도 모르겠지만, 일련의 폭력에는 자유롭지 못한 인물이다.

당시 세르비아 보안군에 대항하는 게릴라 조직인 코소보해방군(KLA)을 이끈 지휘관 출신으로 자민족 반대파에 대한 숙청을 비롯해 인명 살상과 학대와 고문의 혐의를 받아 2020년 6월 24일 국제전쟁범죄특별재판소의 전쟁범죄 및 반 인류 범죄 등의 혐의로 재판에 넘겨졌다. 그 이후 하심 타치는 세르비아와의 평화 협상을 위해 대통령 전용 비행기를 타고 미국을 향하다 대서양 상공에서 이 소식을 전해 듣고 급선회했다.

1995년 보스니아-헤르체고비나 전쟁이 데이튼협정으로 종전의 기미 속에서도 극한으로 치닫고 있었다. 이들의 전쟁에 가려 코소보사태가 화두에 오르지 못했다. 하심 타치는 서방세계의 이목을 집중시키기 위한 모종의 계획을 꾸며 실행에 옮겼다. 자국민의 희생으로 서구의 눈과 귀를 코소보로 돌리는 극약처방, 즉 악을 악으로 치료하려는, 폭력에 의한 희생만이 이 사태를 해결할 수 있다고 철석같이 믿었다.

1996년 새해가 밝았다. 지역을 순찰 중이던 세르비아 경찰 4명이 코소보 내 알바니아 무장 세력에 의해 무참하게 살해당한다. 서방세계의 관심을 끌기 위한 코소보 해방군 정치국장 하심 타치의 작품이었다. 그의 의도대로 세르비아 경찰의 무자비한 보복이 행해졌다. 하심 타치의 의도대로 본격적으로 코소보해방군(UCK)과 세르비아군 간의 교전이 곳곳에서 지속되면서 세계 이목이 쏠리기 시작했다.

하심타치, 과연 그가 수많은 자민족을 세르비아 보안군대와 경찰에 폭력의 미끼로 내몰고도 민족을 위한 희생이라고 당당하게 말할 수 있을까. 먼 옛날이야기가 아니다. 20여 년 전 알바니아계와 세르비아계까지 분리 독립 과정에 잔혹하게 1만 3천여 명(단언컨대 2만 명 이상일 것이나 정확한 것은 아니다)이 목숨을 잃었다는 사실을 떠올렸다.

코소보에 여행 중 잊지 못할 경험이 몇몇 있다. 프리슈티나박물관에서 유독 우리나라 태극기를 망토처럼 두르고 사진을 찍던 여대생들을 만났다.

필자가 대한민국 사람이란 사실이 그녀들은 기적처럼 받아들였다. 한국인과 대화 한 번 해보는 것이 소원이었다는 여대생들에겐 대한민국은 BTS의 나라였다. 그중 한 명은 한국어를 배우는 중이라고 한다. 우리나라 말로 "코소보를 어떻게 생각해요?" 한다. 글쎄다. 아직은 판단하기에 지적 한계가 있어 이른지도 모른다. 수업에 늦었다면 양손을 흔들며 하는 말 "잘 가요" 어눌한 말이지만 알아들었다. 생면부지 땅에서 즐거운 인연을 만들었다. 그녀들 앞에 부디 폭력이 재생되지 않기를 간절히 바란다.

그러나 얼마 못 가 이들의 색다른 모습을 경험해야 했다. 도심 한 가운데 알바니아의 민족 영웅으로 우뚝 솟은 스칸테르베그(1404?~1468)[2]의 동상 앞에 서였다. 이방인을 향한 젊은이들의 원숭이 운운하는 비아냥을 들으면서 잔존하는 폭력성을 읽었다. 남녀노소 할 것 없이 함께 낄낄거리던 표정은 여태 지워지지 않는다. 민족이 다르다는 이유로 살육당해야 했던 그들은 역사에서 무엇을 가르치며 배웠을까.

필자는 스칸데르베그 앞에 붙은 '위대한'을 빼버렸다. 그런데 불과 십여 분도 지나지 않아 여학생의 처절한(? 간절하다 못해) 표정의 그림강매를 뿌리쳐야 했다. 가난한 대학생의 비애(?)는 유로화 몇 푼으로

---

2) 스칸데르베그 : 1430년경 부친이 오스만제국에 무릎을 꿇자 오스만트루크제국의 궁정에 인질로 어린 시절을 보냈다. 이슬람으로 개종한 그는 에니체리에 몸담으면서 전공을 세워 술탄의 눈에 든다. 술탄은 그에게 알렉산더 대왕의 이름을 따 스칸데르라는 이름을 하사했다. 1443년 자신의 휘하에 섞여 있던 3백여 명의 알바니아 출신들을 이끌고 고향으로 돌아와 연합군을 만들고, 스스로 지휘관에 올라 북알바니아를 통일한다. 기독교로 개종까지 불사하며 오스만제국을 상대했다. 오스만과 토르비올리라평원 첫 전투에서 1천 명의 군사로 무려 2만 5천 명의 오스만제국의 군사를 죽이거나 포로로 잡았다.

해갈될 것처럼 보이지 않았다. 이 또한 편견이나, 그녀의 모습은 꾸밈없이 핀, 어쩌면 전쟁의 포화 뒤에 피를 뚫고 땅에서 솟아난 민들레 같았다.

프리슈티나 박물관 앞 광장 가운데 구조물에서 언제고 폭력을 휘두를 수 있다는 세르비아로부터 든든한 방어막이 되어줄 NATO를 향한 짝사랑의 간절함을 보았다. 그와는 하등에 상관없는 만난 네 명의 젊은 회교도 여성의 환한 미소는 민족을 팔아서 정의를 가장해 폭력의 정당성을 배격하려는 순수함이 담겨있었다. 절대로 가해자가 될 수 없는 운명, 반드시 피해자일 뿐인 그녀들이 가슴에 안고 있는 두꺼운 책에서 필자는 희망을 읽었다.

이른 아침 숙소에서 일어나 아침 운동을 위해 달리는 필자를 향한 색다른 시선은 길거리 동물에게도 이상하게 보였나 보다. 끝끝내 나만 따라 달리는 이상한 놈이었다. 그러나 문득 만난 '코소보 평화유지군(KFOR)' 군사시설 정문에서 생경함은 이곳이 코소보 한가운데, 폭력이 자행되었던 중심이라는 현실을 느끼게 해주었다.

프리슈티나 뒷산 정상에서 내려다본 도심은 팽창을 위한 숨죽임 같은 거였다. 먼데 올림픽 성화봉같이 생긴 프리슈티나 랜드마크를 상상하게 했던 기이한 모습의 회색빛 구조물이 폐허가 된 공장 굴뚝인 줄

가까이 가서야 알았다. 경찰서 옥상에 우뚝 솟은 자유 여신상에서 미국을 향한 간절한 사랑을 읽었고, 클린턴 광장에서 클린턴과는 전혀 다르게 생긴 동상을 보며 실소를 금치 못했다. 비둘기 똥을 머리에 뒤집어쓴 클린턴 아닌 클린턴은 오른손을 든 채 바보처럼 웃고 있었다.

코소보 프리슈티나에 스칸데르베그의 동상이 말을 탄 채 칼을 휘두르며 하늘을 향해 호령하는 모습에서 알바니아인들이 필연적으로 세르비아와 부딪칠 수밖에 없는 역사적 사건을 읽었다.

△ 네 명의 젊은 회교도 여성의 환한 미소는 민족을 팔아서 정의를 가장해 폭력의 정당성을 배격하려는 순수함이 담겨 있었다. 절대로 가해자가 될 수 없는 운명, 반드시 피해자일 뿐인 그녀들이 가슴에 안고 있는 두꺼운 책에서 희망을 읽었다.

카를다리

체코 프라하 도심을 흐르는 볼타바 강이 있고, 그 위에 프라하성과 구시가지를 이어주는 돌다리 카를교가 걸쳐 있다. 이 다리 양옆으로 성직자 동상이 서 있는데 체코에서 가장 오래된 다리답게 전설 하나가 전해온다.

어느 날 왕비가 신부에게 고해성사했다. 이를 안 카를 4세가 신부에게 왕비의 고해성사 내용을 알려 달라고 명령했다. 왕비의 정조를 의심했던 것이다.

신부(총대주교 대리)는 종교인으로서 그럴 수 없음

을 밝히고 입을 다물었다. 화가 난 왕이 신부를 볼타바 강에 던져 버리고 만다.

그 가련한 신부 이름이 성 요한 네포무크다. 네포무크는 유언으로 다리 위에 선 사람의 소원을 들어달라고 했다. 그래선지 네포무크 성상을 찾는 사람이 많다.

그 동상 아래 부조가 있다. 조각에서 개를 만지면 배우자가 평생 충성한다는 속설이 있고, 네포무크 그를 만지면 어떤 소원이라도 이루어진다고 한다. 왕비를 만지면? 프라하에 다시 오게 된단다.

남자들은 주로 개를 만지고, 여자들은 대부분 왕비를 쓰다듬는다.

나는 누굴 만질까? 이 가련한 양반아.

오를로이

동유럽 체코 수도 프라하 구시가지 광장에 천문시계 오를로이(Orloj)가 있다.

한눈에 봐도 무척 아름답고 정교한 시계다. 이 시계에 탄생 비화가 하나 전해온다.

1410년 프라하 시장의 요청으로 시계공 미쿨라스가 카를 대학의 천문학교수 얀 신델이 합작하여 시계장치와 글자판을 만들었다고 한다.

완성된 시계가 아름답다고 소문이 나면서 이웃 귀족들이 하누쉬에게 시계 제작 요청이 쇄도하게 된다. 이를 알게 된 프라하 시의회는 천문시계를 독점하기 위해 시계 제작자 하누쉬의 눈을 불에 달군 인두로 지져버린다.

비통한 심정으로 더듬더듬 시계탑에 올라간 하누쉬가 시계에 손을 대자 그대로 작동을 멈추었다고 한다.

이상하게도 400년이 지난 1860년에 다시 움직이기

시작했다.

이 시계는 정각이 되면 색다른 퍼포먼스가 시작된다. 시계판 오른쪽에서 촛불을 들고 있던 해골이 종을 당기면 소리가 울린다. 이때 촛불이 기울어진다. 물론 불은 없지만, 촛불이 꺼진다고 가정하면서 보면 의미가 있다. 건너편 탐욕과 증오의 인간이 기타를 치고 거울을 보는 인형이 고개를 갸웃댄다.

그리고 위에서 창문이 열리고 예수 열두 제자가 돌아가면서 아래를 굽어본다. 인간은 죽음 앞에서 부질없는 존재지만, 그래도 삶은 계속되어야 한다는 뜻이란다.

메멘토 모리!

프라하 천문시계 오를로이(Orloj)

아물지 않은 상처 – **보스니아**

△ 사라예보의 장미 / 보스니아 수도 사라예보에 있다. 포탄이 떨어진 곳에 평화를 염원해 장미처럼 조성했다. 뒤에는 가톨릭 성당과 요한 바오로 2세 조각상

나치와 파시즘처럼 배타적민족주의가 활개 치면서 집단으로 미친 시대였다. "인간은 무리 지어 생각하는 동물이다. 미칠 때는 집단으로 미쳤다가 제정신으로 올 때는 한 사람씩 천천히 온다." 찰스 맥케이가 《대중의 미망과 광기》에서 한 말이다. 혹자는 돌아올 때 가장 앞서 오는 자가 선지자라고 한다.

이들 보스니아-헤르체고비나 비극은 예견되었다. 유럽이나 미국이 이를 간파하고 있었는지는 알 수 없으나 분명한 것은 살육이 시작된 이래 큰 관심을 두지 않았다. 그 까닭은 보스니아 내 이슬람에 원인이 있었다. 미국과 서구 유럽이 이슬람과 역사적 영원한 적으로서 대결은 이미 오래전부터 시작되었다. 이베리아반도 이슬람제국의 건설과 십자군전쟁을 비롯해 메메트 2세의 비잔티움정복, 오스만터키제국 쉴레이만 대제의 베오그라드 함락에 이어 헝가리 공략, 그리고 오스트리아 빈 공략으로 같은 하늘 아래 숨 쉬고 살 수 없는 이민족으로 변했다. 오스만터키의 발칸 지배는 유럽의 자존심에 큰 치욕을 남겼을 법하다.

결국 인간도살자 밀로셰비치, 그가 키운 아르칸의 개들이 죽음의 칼춤을 마음껏 추고 난 후인 1995년 12월 14일에야 멈춘다. 이 전쟁으로 인해 160만 명이 살던 집을 버리고 고달픈 난민 신세로 전락했고

40만 가구의 집들이 파괴되고 불에 타 없어졌다. 사망자는 정확한 통계조차 확정할 수 없지만, 25만~30만 명이 희생되었다고 한다.

보스니아 전쟁의 포염이 멈추고 기이한 모습의 연방이 탄생한다. 이슬람교도 보스니악(Bosniak)과 로마 가톨릭의 크로아티아가 합쳐진 '보스니아-헤르체고비나 공화국'과 세르비아인들(인구 비율 37.1%)의 '스릅스카 공화국'이 51대 49의 땅을 차지한 채 한 연방이라는 체제 아래 살아가고 있다. 연방에는 각 한 명의 대통령이 있다. 공화국 대통령은 이들 3명이 돌아가며 8개월마다 한 번씩 의장직을 맡아 대통령직을 수행한다. 임기는 4년이다. 따라서 임기 내 두 번씩 '공화국 대통령'에 오를 수 있다. 이렇게 본다면 말이 연방국이지 단지 폭력을 예방하는 차원에서 옛날처럼 한 지붕 세 가족이나 마찬가지다.

보스니아 수도 사라예보에서 세르비아 베오그라드로 가기 위해 버스정류장에 도착했다. 그러나 사라예보에서는 베오그라드로 가는 차편이 하루 중 새벽과 늦은 오후, 두 번뿐이었다. 스릅스카 공화국으로 가면 버스가 많다는 정보조차 집요한 질문 끝에 들을 수 있었다. 그러나 사라예보와 스릅스카의 버스 시간표 정보조차 호환이 안 되고 있었다. 같은 나라에서 공중전화카드도 통용이 안 되는 경우는 처음이다.

△ 보스니아 전쟁 당시 사라예보 이슬람 방위군 사령부 건물이다. 당시 모습 그대로 남아 있다. 앞의 광고판과 묘한 대조를 이룬다.

결국 전철을 타고 먼 길을 물어서 이동해야 했다. 그리고 스릅스카 국경도 아닌(지도에서 보면 점선으로 나타나 있음) 국경을 넘었다. 곧바로 마치 경찰과도 비슷한 사람들에 의해 전철 내 불신 검표 조사가 시작된다. 그들의 눈에 이상하게 생긴 이방인이 딱 걸렸다. 표는 당연히 구매해 탔기에 망정이지, 2014년 때처럼 퇴근 시간 콩나물시루에 무작정 올라탔더라면 낭패를 볼 뻔했다.

전철에 내려서도 버스를 갈아타야 했다. 전철에서 대학 2~3학년쯤 되어 보이는 여학생의 친절함에 놀랐다. 세르비아에서 비슷한 경험을 했지만, 전철에서 내려 버스 타는 곳까지 400여m를 안내한 후에도 돌아서지 않았다. 정류장에서 한참을 기다린 끝에 버스에 정확히 올라서는 모습을 확인한 후 손을 흔들며 돌아서던 그 여학생의 뒷모습을 잊을 수 없다. 어느 역에서 내려야 한다며 버스기사를 향해 이 촌놈을 부탁하던 목소리는 불가佛家에서 천상의 미음조라 일컫는 가릉빈가迦陵頻伽가가 아닐까 생각했다.

사라예보 곳곳, 모스타르 건물 군데군데, 아물지 않은 상흔을 보며 밤을 배회했던 기억이 새삼스럽다.

우연히 찾은 젊음의 공간, 마치 잊지 않으면 미칠 것만 같다는, 팝으로 무장한 밴드 연주가 귀와 심장을 두드리던 카페에서 만난 인연들과 당시에 마셨던 맥주마저 그리웠다. 훗날 기억을 더듬어 밤을 빌어 찾았지만, 온데간데없이 흔적조차 찾을 수 없어서 섭섭했던 기억이다.

다시는 이토록 아름다운 '푸른별' 지구촌에서 벌어져서는 안 될 끔찍한 비극이다. 부디 전지전능하신 신이 있다면 이번 전쟁으로 확신했으리라. 어느 종교도 진실을 왜곡하면 마귀 들린 집단으로 돌변할 수 있다.

보스니아 출신의 야스밀라 즈바니치(Jasmila Zbanic)가 제작한 영화 《그르바비차》가 이때 사라예보 전쟁을 바탕으로 전개되는 영화다. 사라예보 그르바비차 마을에서 일어난 실화를 바탕으로 한 이 영화는 대사 중 딸 사라가 전쟁 영웅으로만 알고 있는 죽은 아버지에 대해 엄마 이스마에게 묻는다.

"엄마, 난 아빠 어디를 닮았어?"

이 평범한 질문이지만, 그야말로 가슴이 먹먹해지는 대사다. 세르비아 민병대가 장악하고 있는 이슬람 여성 수용소에서 세르비아인에게 강간당해 낳은 아이 사라였다. 슬픈 표정으로 머뭇거리던 이스마는,

"응? 넌 머리카락을 닮았어."

했다.

사라는 흐뭇한 표정으로 자신의 머리를 매만지며 쓸어내린다. 그러나 이스마의 "넌 나를 닮았어." 지문이 긴 여운을 남긴다.

베오그라드 역사의 현장에서

세르비아는 발칸반도 내륙국 고도古都 베오그라드로 대표되는 나라다. '베오그라드'라고 하면, 남쪽 슬라브의 나라 '유고연방' 시절의 수도이자 티토의 무덤이 있는 곳이기도 하다. 그런가하면 몇 십 년 전까지만 해도 화염의 도시였다.

남쪽 니슈부터 국토 중앙 세메데레보, 그리고 수도 베오그라드를 지나 북쪽을 향해 노비사드에 이르면 왼쪽은 크로아티아, 조금만 더 가면 헝가리 국경이 지척이다. 세계 역사의 중심에서 늘 상처를 입어야 했던 태생적 폭력의 현장이자 아픔의 터전, 반도인 까닭에 우리네 한반도와 그 어떤 인연의 끈이 닿는 듯 가슴 설레며 찾았던 도시들이다. 가해자인 동시에 피해자인 이들 사연을 어찌 몇 권의 책으로 이해할 수 있을까. 역사에서 늘 지배와 수난을 당했던, 너무나 엉켜서 끝끝내 사무쳐버린 아픔을 상상하며 발길을 향했다. 그리고 그곳에서 꿈에서나 보았을 법한

세르비아 수도 베오그라드 공화국 광장. 이른 아침이라 한산하기만 하다

아름다운 풍경에 피맺힌 역사가 마르지 않은 채 곳곳에 묻어 있음을 보았다.

세르비아 수도 베오그라드에 대한 이미지는 어느 영화에서나 봄 직한 폭력의 중심에 선 곳이다. 베오그라드발 보스니아 전쟁, 크로아티아 전쟁, 1998년 근래에 이뤄진 코소보 살육전, 그리고 나토의 베오그라드 공습 등 '악마의 시대'에 중심적 이미지가 뿌리 박혀 있는 곳이다.

그러나 나 혹은, 우리 아니면 모두 살육의 대상으로 생각하는 사람들이 살아가는 이상한 민족주의가

기승을 부리는 닫힌 나라 수도라는 생각은 도착과 동시에 대번에 깨어졌다. 물론 폭력 그 이후 16년의 세월이 지났지만 말이다.

어느 나라던 수도는 북적일 수밖에 없다. (보스니아 수도 사라예보는 북적인다고 말 못 하겠지만) 지금의 30대 후반부터 40대, 더 위로는 5·60대가 저지른 일이라고 해도 활기찬 발걸음과 환한 얼굴에 그간 악의 전사들로 거듭나 제노사이드를 자행했던 사람들이라곤 도무지 믿기지 않았다.

18세기 말까지 세르비아는 물론이고 발칸반도 나라들 역시 민족주의라는 싹이 움틀 만한 조건이나 의식 자체가 거의 없었다. 대신 그 중심에 정교, 가톨릭, 혹은 이슬람이라는 종교가 있었을 뿐이다. 종교를 믿는 사람조차도 어디 교구 소속인지 아무런 관심이 없었다. 삶이 곧 믿음이었고, 종교가 그냥 삶이었다.

다만 수많은 침략을 당해내면서도 처참하게 견뎌낸 세르비아정교는 세르비아인 정체성이자 가치 정점이었다. 그리고 상징적 구심점 세르비아정교회 대성당 '성 사바(St. Sava) 성당'[3]은 오스만제국의 이슬람과

---

3) 사바(Sava)는 세르비아의 걸출한 영웅 스테판 듀산의 동생이며 세르비아어로 '삽바스(Sabbas)'라고 부른다. 이 성당이 사바의 이름을 땄다. 사바는 앝토스 정교회 수사로서 그의 이름이 강 이름이 되고, 성직자였던 그를 기리는 정교회 성당이 바로 세르비아인 정신적이자 구심적인 역할을 했다.

오스트리아 가톨릭 세력의 침략에도 민족 저항정신 요람으로 거듭났다. 그런 만큼 상처도 깊다. 다분히 필자 시각일 수 있지만, 세르비아 민족 혈통을 이어온 정교회 대성당에서 파괴와 약탈이 가져다준 가련함이 묻어 있음을 보았다.

깔끔한 미감의 비잔티움 형식을 닮은 외형과는 달리 만들다 만, 어느 순간 어떤 물리적 힘에 의해 멈춰버린 듯한 성당 내부 모습은 세르비안 선지자와 성자들이 슬픈 모습으로 벽면을 장식하고 있었다. 거무튀튀한 공간은 이방인 마음마저 점령당하는 듯했다.

그리고 그를 올려다보는 시선들…. 침묵 속에서 우러나는 숙연함, 신을 향한 간절한 물결을 보며 이들의 꿈과 내면을 훔쳐볼 수 있었다. 보스니아 사람들에게서 느꼈던 원망怨望과 원통怨痛 등 불행했던 사연의 원인을 타인에게 돌리는 배타적 사고가 아니라 한恨, 즉 스스로 발효해 원인을 내 안에서 녹여내는 듯했다.

베오그라드 도심에 시민 휴식처이자, 여유와 여백의 공간인 칼레메그단 성채가 있다. 공원 이름이 요새(Kale)와 전쟁터(Megdan)의 절박한 두 단어가 합해진 만큼 베오그라드는 오스만제국과 비잔티움제국 틈바구니에서 늘 고래 싸움에 새우등이 터져야 했던 전쟁터였다. 오랜 세월을 그렇게 흘렀을 도나우강(다뉴

브, 돈, 두나이, 드네브 등으로도 불린다. 이곳이 세르비아니 드네브강이라고 해야겠지만….)이 잔물결 일으키며 침묵으로 대신하고, 사바강과 만나는 교차점의 두물머리 풍경은 역사를 잊은 사람들에게 도심의 삶에서는 도무지 풀릴 것 같지 않은 시름을 풀어주기에 딱 알맞다. 그 위에 우뚝 솟은 칼레메그단 성채는 일출과 일몰의 광휘에 몸을 맡긴 채 묵묵히 서 있다. 이름처럼 격동의 세월을 견뎌낸 칼레메그단은 이슬람 대 기독교 연합군 수전을 온몸으로 겪어야 했다.

2014년 처음 흐린 기운과 달리 2017년에 재차 찾은 칼레메그단에서 한가롭고도 녹녹한 기운을 받았다. 칼레메그단을 한 바퀴 돌면서 이전에 보이지 않았던 새로운 모습을 많이 발견할 수 있었다. 입구를 잘못 찾아 성채 뒤편으로 들어선 행운이었다.

뒤이어 성채에 올라 먼데 사바강과 도나우강이 합류하는 삼각주의 잔잔한 물길을 바라보다 두물머리에 서 있는 육각형 타워 '네보이샤탑'이 눈에 다가왔다. 쾌청한 날씨처럼 해맑게 장난치는 그곳의 청소년들과 달리 이방인 머리를 쿡쿡 누르는 것이 있었다. 저곳이 세르비아봉기를 제압하는 과정에서 잡힌 세르비아 민중을 학살하던 장소라는 사실을 떠올렸다. 네보이샤탑은 배를 산으로 옮겨 비잔티움제국을 무너트린 메메트 2세의 침략에 대비해 1460년경에 쌓은 베오그라드 요새의 최전선 방어막인 포대탑이었다. 이미 1456년 메메트 2세는 강에 군선을 띄우고 베오그라드 성을 포위했다. 그러나 헝가리와 인근 기독교권 연합군 선단과 수전에서 패하자 포위를 풀고 물러났다.

그러던 것이 결국 1521년 오스만제국의 걸출한 술탄 쉴레이만대제에 의해 함락된다. 그리고 점차 세월이 흐르면서 마치 악마가 쉽게 조종할 수 있는 세상이 도래한 듯 건물의 용도가 처절하게 변했다. 19세기에 세르비아의 걸출한 전사 블랙 조지를 중심으로 대 오스만제국을 향한 세르비아인 봉기가 일어났다.

자유의 본능이 소멸하기 직전에 일어난 최후 항쟁이었다. 살육의 막다른 골목에 다다른 에니체리에 의해 고귀한 희생을 강요당했다. 에니체리를 중심으로 한 무슬림 군대는 이곳을 저항하는 세르비아인을 잡아다 감금하고 고문을 가하는 장소로 바꿔버렸다.

네보이샤 탑으로 향하다 아치형 성문에서 태권도 소녀를 만났다. 안간힘으로 발차기를 연이어 해대는 딸의 동작을 카메라에 담기위해 애쓰는 아버지 시선은 여느 아버지와 다르지 않았다. 딸과 아버지는 이방인을 발견하고 동시에 엄지를 척 올리며 말했다.

깔레메그단 요새에서 본 도나우강과 사바강 두물머리. 중앙에 육각형 건물이 오스만터키 에니체리에 의해 세르비아 농민들이 고문과 처형을 당했던 네보이샤 탑이다.

"태권도 넘버 원!"

어떤 식으로든 현대를 살아가는 사람의 겉모습은 같은 발칸반도 그리스나 세르비아나 별반 다를 바가 없다. 분명 격동의 역사를 짊어진 채 희망을 잃지 않기 위한, 가슴이 두근대는 미래 청사진을 가슴에 품고 역동적인 도시 구성원으로 살아가고 있다는 생각이 들었다.

늘씬하게 빠진 청춘남녀 시원시원한 발걸음에 힘이 넘치고, 이방인 서툰 말에도 친절한 미소로 끝끝내 화답하는 사람들, 그럼에도 불구하고 의존적이며 꼴사나운 비틀림에 지나지 않은 동양인에 대한 멸시어린 시선과 조롱이 매우 자연스럽기도 하다.

하지만 반갑게도 나이 지긋한 사람의 제지가 뒤따른다. 이방인을 향해 미안해하는 모습은 21세기를 온전히 살아가려는 삶의 여유 같았다.

공화국 광장에서 마주친 청춘들이 내뿜는 열기는 서울 홍대거리 못지않았다. 전철 속에서 세르비아 대성당 성 사바 가는 길을 묻는 이방인에게 자신들의 목적지는 잊은 듯 갈등의 기색이라곤 추호도 없이 전철에서 내려 길손의 목적지까지 함께하고 돌아서던 자매 눈길을 잊을 수 없다. 뽀얀 얼굴, 파란 눈동자, 마치 맑고 깨끗한 서설瑞雪의 느낌과 다르지 않았다.

늦은 밤, 이국땅이라는 독특한 갈증을 이기지 못해 들어선 레스토랑에서였다. 몇몇 젊은이와 한패가 되어 장미꽃다발을 이용해 청초하고 순수하기 이를 데 없는 웨이터를 향한 향기로운 희롱은 공짜로 얻어 마신 맥주보다 더 즐거운 에너지를 느끼게 했다.

노숙자로부터 동양인에 대한 저급한 행위를 단번에 물리쳐준 청년의 서릿발 같은 행동에서 냉정하고도 차가운 추상화 몬드리안 작품과도 같은 아름다운 힘을 느꼈다.

과거 누구에겐 악마의 도시였다면, 지금의 베오그

라드는 천사의 도시인 양하는 경험도 했다. 늦은 밤, 숙소 주인장과 약속이 엇갈리는 난감한 상황이 연출됐다. 무작정 기다릴 수 없어 용기를 내 찾아 들어간 옷 가게에서였다. 주인도 아닌 아가씨 둘의 장난기 섞인 농담은 천연 조미료 같았다. 휴대폰 한 통화 사용하는 데 100유로를 달라니? 단박 얼굴색이 변하자 농담이라며 은쟁반에 옥구슬 구르는 소리로 웃으며 전화기를 내민다. 이들에게 민족은커녕 이방인에 대한 적대 감정은 어디에고 찾아볼 수 없었다. 덕분에 날을 넘기지 않고 단잠에 들 수 있었다.

세르비아인 성지 코소보에 이방인이 독립을 선언한 이 억울하고도 미칠 듯한 상황을 이해해야 한다. 코소보가 중세의 서사시적 영광이 서린 세르비아인의 고향이라는 인식의 뿌리에서 한 치도 벗어나지 않았음을 보았다. 그렇다고 폭력이 정당화되어서는 안 된다. 코소보 프리슈티나 박물관에서 각 나라 국기 중 유독 태극기를 망토처럼 걸치고 사진을 찍던 프리슈티나대학교 여학생 말이 답사 내내 귀를 울렸다.

"코소보를 어떻게 생각해요?"

어눌한 한국말이었다. 그러나 답은 글쎄다. 아무 말도 하지 않았다. 그녀에겐 대한민국은 'BTS' 나라였다.

아크로폴리스의 연인

직감이란 게 있다. 그리스인은 아니었다. 프랑스 아니면 벨기에?
여인의 적극적인 애정 공세가 부러웠다.
카메라에 담고 돌아서는데 어떤 여자가 사진 좀 찍어 달란다.
사진을 찍어주고 휴대폰을 넘겨주니 함께 간 친구가 말하길
"예쁜 여자는 세 컷 찍더니, 중국 여자는 달랑 한 장이네"
들켰다

옛 헝가리 땅
노비사드를 가다

세르비아 제2의 도시, 베오그라드 북부 노비사드에 도착했다. 이곳 역시 도나우강을 끼고 형성된 도시다. 철도망과 도나우강 운하를 통한 중부 유럽으로 통하는 교통의 요지다. 그런 만큼 파괴를 부르는 전쟁의 역사에서 비껴가지 못했다. 이 말은 그 옛날 역사상 중부유럽을 치기 위해서는 반드시 정복해야 하는 땅이라는 뜻이다. 더구나 요새에서 시작되어 확장을 거듭한 도시인 터라 이민족 방어의 목적에 의해 만들어진 도시라고 증명하듯 페트로바라딘 성채가 견고하게 남아 있다. 도나우강을 일차 자연 방어막으로 두고 그 뒤에 튼튼한 성벽을 높게 쌓아 외적의 침입에 대비했다.

성채 정상에 오르면 굽이쳐 흐르는 도나우강의 반짝이는 윤슬에 눈이 반짝이고, 은빛 도나우강을 바라보노라면 그간의 여정에 쌓였던 피로가 순식간에 녹아내리는 경이로운 경험을 한다. 이곳 노비사드 역사적 특징은 2차 세계대전 이전에는 헝가리 땅이라는 데 있다. 나치 침략으로 어쩔 수 없이 추축국에 가담했고, 패전을 맛보면서 국토를 좁게 만든 원인이었다. 현재도 노비사드에는 헝가리 사람이 40%를 차지하는 사연이다. 그 이전에 오스만제국이 발칸 맹주로 떠오르자 베오그라드 주민이 그들을 피해 헝가리 땅이었던 노비사드로 이주하면서 자연스럽게 요새 취락이 형성되었다. 그래선지 노비사드는 세르비아말로 '새로운 정원'이라는 뜻이란다. 새로운 정원에서 새롭고 행복한 삶을 꿈꾸었지만, 1526년 오스만트루크제국 술탄 쉴레이만 1세가 베오그라드를 점령한 뒤 90km 떨어진 이곳 노비사드는 그냥 두었을 리 없다. 놀랍게도 새로운 정원의 요새 페트로바라딘을 가톨릭 세계 본거지 오스트리아 빈을 침략할 때 소수 병력을 첨병으로 보내 순식간에 점령해버리고 말았다. 성벽의 견고함이나, 지형지물을 보았을 때 그리 쉽게 공략당할 성채가 아님에도 불구하고 역사가 그랬다고 하면 그런 거다. 더구나 오스트리아 빈을 포위 공략할 기반도 여기서 다졌다고 한다.

그리고 18세기가 되면서 오스트리아 합스부르크왕가 지배에 들어가면서 절정기를 맞았다. 이후 2차 세계대전이 끝난 후 이곳으로 보이보디나와 보스니아-헤르체고비나에서 이주민이 몰려들면서 도시가 순식간에 확장되었다. 그런 까닭에 이곳 노비사드에는 정교 사원을 비롯해 유대교 사원, 가톨릭 성당 등 역사적인 의미를 갖는 17개의 사원이 사이좋게 서로 하늘을 향해 서 있다.

일명 세르비아의 아테네로 알려진 노비사드 중심가이자 번화한 광장 '슬로보데(Slobode/자유) 거리'는 역사를 반대로 쓰려는 사람들로 북적인다. 아픈 과거를 자꾸만 들춰내 증폭시키는 일은 상처를 들쑤시는 결과를 가져온다. 자꾸만 되새김질해 아파하지 말고 그냥 훌훌 털어버리란 뜻이다. 이곳 사람들이 그랬다. 물결치듯 흐르는 대로 몸과 마음을 맡기는 듯했다. 해가 기울기도 전에 남녀노소 누구랄 것도 없이 광장에 모여서 즐긴다. 사람들 얼굴에는 즐거움이 넘치고 웃음꽃이 만개했다. 레스토랑에 북적임도 한 몫 더했다. 그리고 이어지는 오케스트라와 춤, 축제랄 것도 없는 이들 일상이다. 다만 일주일을 새롭게 시작하는 월요일은 쉰다. 생소하게 생긴 길손은 귀동냥으로 흥을 얻어 어깨춤이 들썩였다. 그러다 거칠게 생긴 칠척의 남자와 마주친 눈빛에 움찔했다. 그러다 가만히 마주 보니 파란 유리알처럼 투명하고 맑다. 수염 아래 두꺼운 입이 가로로 찢어 풍성하게 웃는다. 가슴에 낯선 인간의 향기가 스며들었다. 돌아서는 발걸음이 가벼워졌다.

도나우공원 녹색의 한적한 공간을 지나면 도나우강 건너 페트로바라딘요새가 언덕 위에 솟은 모습이 나타난다. 대교와 부서진 다리난간이 물길에 점점이 일정한 간격으로 떨어져 있다. 이곳에, 은빛 불길 반짝이는 이 아름다운 곳에서 피의 역사가 자행되었다.

강변에 서 있는 '희생자조각(Raid The Family)'이 생생하게 증언하고 있다. 1942년, 2차 세계대전이 한창이던 1월 21일부터 3일간 행해진 헝가리 파시스트들에 의한 만행의 현장이다. 이들 파시스트는 세르비안, 유대인, 집시 등 1000여 명이 넘는 사람들을 이곳에서 죽였다. 지구촌 어디에도 일어나서는 안 될 비극의 현장이다. 동상에서 눈을 감으면 더욱 생생하게 잔상처럼 나타나는 상상의 기억에서 소름이 돋는 경험을 한다. 서둘러 발길을 돌렸다.

△ 노비사드 페트로바라딘 요새에서 바라본 도나우강

이웃끼리 총부리를 겨눈

보스니아 모스타르

보스니아 전쟁, 생채기에서 여전히 피가 흐르고 있었지만, 강대국에 의해 내전은 종식된다. 내전, 아니 전쟁으로 인해 '화해와 연결의 상징물'이자, '문화와 종교가 다른 이민족 화해의 통로', 세계에서 아름다운 다리로 소문난 모스타르의 '스타리모스트'가 파괴되었

다. 이 사실이 전해지자 세계인의 주목을 받았다. 그리고 세계 곳곳에서 이를 복원해야 한다는 소리가 드높았다. 각국은 평화와 화해의 상징을 다시 연결하자는 원대한(?) 희망을 담아 지원이 이루어졌고, 이에 힘입어 복원이 시작되었다. 잠수부들이 폭약에 파괴되면서 강에 수장된 다리의 파편들을 건져 올리는 데 성공했다. 그리고 처음 다리를 건축했던 오스만터키 제국의 후예, 터키의 건축가가 파견되어 1천88개의 돌을 찾아 오랜 시간에 걸쳐 완벽하게 재배치해 복원에 성공한다.

1995년 12월 보스니아 전쟁에 마침표를 찍은, 미국 오하이오주 데이턴에서 만나 체결한 '데이턴 평화협정'으로 종전된 지 8년 2개월이 흐른 지난 2004년 2월 완벽하게 제 모습을 드러냈다. 그해 7월에 영국 찰스 황태자를 비롯해 각국 주요 인사들이 참석해 스타리모스트 재건축 행사를 열어 평화와 인류 공존이라는 중요성을 세계만방에 알렸다. 그리고 2005년 모스타르는 구시가지와 함께 유네스코세계문화유산에 등재됐다. 이로써 상흔을 씻어냈다곤 하지만, 행복을 위해서 망각은 필수라는 생각이다.

다리에 'Don't Forget 1993', 1993년 그날의 상처를 잊지 말자는 표석이 남아 교훈의 현장으로 드러내고 있다. 용서는 하되 잊어서는 안 된다는 뜻이다. 아픔을 기억하자는 뜻이지, 분노를 기억하자는 것이 아니다. 증거를 잊어버리면 기억을 잊어버리는 것과 같다.

그리고 관광자원으로 활용도가 높아 역사에 살지 말고 현실에 살라는 것 같아 서글펐던 기억이다. 정녕 '부負의 유산', 즉 마이너스 유산이자 네거티브 헤리티지의 현장인 셈이다.

다리가 복원되고 유네스코세계문화유산에 등재가 되면서 공포와 살육의 현장이었던 스타리모스트 주변 상인들이 돌아오기 시작했다. 시간이 흐르고 이제는 그 옛날(사실 옛날도 아니지만) 자신들이 총부리를 겨누던 당시 사건을 관광자원 삼아 잘 먹고 잘살고 있는 기이한 모습이다.

필자가 처음 스타리모스트를 찾았을 때가 2014년 가을날이었다. 다리 정상에 언제든지 뛰어내릴 수 있다는 붉은 팬티 수영복 차림의 중년남성과 마주쳤다.

"Are you Japanese?"

필자는 중국 시안에 가도 일본인으로 보는 경우가 허다하다. (서쪽 우루무치로 가면 한족이냐고 질문받기도 하지만) 여기 보스니아-헤르체고비나 모스타르에서, 그것도 스타리모스트 다이빙 쇼맨에게 일본인으로 보이다니 상당히 불쾌했다. 얼굴에 불쾌한 표정을 여실히 드러냈다.

"제팬? 노우! 사우스 코리아!"

그제야 다이빙 쇼맨이 고개를 끄덕이며 흰 치아를 드러내고 웃더니 돌아서 다리 아래를 내려다본다. 구릿빛 살결이 무척 멋있어 보여 뒷모습을 담았다. 그리고 3년 뒤에 다시 찾았을 때다. 그 다이빙 쇼맨은 여전히 그 모습으로 그 자리에 서서 나와 마주쳤다. '그사이에 너도 많이 늙었구나!'라고 생각했다. 나도 저만큼 더 늙었겠지, 했다. 그때 또 이렇게 묻는다.

"Are you Japanese?"

이 자식은 할 줄 아는 영어라곤 이것뿐인가 했다. 필자도 그사이 여유가 생겼다.

"코리아."

그러자 엄지를 척 치켜세우더니 대뜸 자기랑 같이 뛰어내리지 않겠냐고 물어왔다. 그래서 우리말로 이렇게 대답했다.

"미쳤나"

농담인지 진담인지 정말 알 수 없었지만, 분명 그 다이빙 쇼맨은 무척 진지한 얼굴이었다. 그사이 나와 비슷하게 생긴, 무척 용감한 사람과 함께 뛰어내린 경험이 있었을 것이라는 생각이 들었다.

각설하고, 치욕과 굴욕의 현대사지만, 모스타르는 가톨릭교도와 이슬람교 들이 치열하게 전투를 벌였던 곳이다. 지금도 곳곳에 부서진 건물과 그 잔해들이 즐비하게 늘어서 있어 당시를 생생하게 증언하고 있다. 전투의 중심이 바로 이곳과 저곳, 즉 가톨릭 세계와 이슬람 세계를 연결하는 스타리모스트다. 네레트바강의 가장 좁은 지형을 잇는 폭 5m, 길이 30m, 높이 24m인 1천88개의 하얀색 돌로 된 단일 아치형 터키식 다리다. 원래는 나무다리였던 것이 15세기 오스만트루크제국이 점령하면서 이곳을 동유럽의 중심지로 삼고자 했다. 이때 오스만제국에서 당대 가장 뛰어난 건축가로 손꼽히던 미마르 하이레딘에게 석조 다리의 건설을 맡겼다. 1566년 그의 노력으로 가장 아름다운 아치형 석조 다리가 완성을 보았다.

세월이 흐르고, 무슬림으로 개종한 사람들과 크로아티아 가톨릭을 믿음으로 가진 사람들이 모여 살면서 서로 정도 나누고, 이웃 간 우정도 쌓고 벗으로, 동료로서 때론 종교를 넘은 사랑이 결실을 보면서 가문의 결속으로 몇백 년을 이어왔다.

그러던 중 20세기 말, 민족주의라는 미친 혼령에 피를 뒤집어쓰고도 부족한 인간들에 의해 죽음의 탄환을 교환해야 했다. 처음에는 세르비아민병대를 상대로 무슬림·크로아티아지역방위대 연합군의 전투로 시작됐다. 곧이어 인종과 종교 전쟁으로 미친 듯 확전되자 크로아티아계가 이슬람인으로 총부리를 돌리면서 서로를 죽이는 인간 사냥터로 변했다.

1992년, 스타리모스트를 어느 편에서 장악하느냐가 전투에 승패를 가늠하는 가장 중요한 관건이었다. 그러나 상대의 보급로를 끊어버리겠다는 판단에 의해 폭약으로 스타리모스트를 폭파했다. 하지만 아직도 어느 진영에서 폭파했느냐를 두고 논쟁이 지속되고 있다니 양심마저 폭약과 함께 날아 가버린 듯하다.

필자는 안다. 결과는 대부분 승자의 몫이기 때문이다. 어쨌거나 결국에는 이슬람과 가톨릭을 이어주던, 의미하는 바가 무진장 큰 스타리모스트가 파괴되고, 모스타르를 점령한 크로아티아 민병대는 본격적으로 신기에 가까운 활약(?)을 펼치기 시작했다. 온전히 모스타르를 점령한 후 가장 깊이 자비를 베풀었던 것은 이 지역에 거주하던 이슬람교도들 목숨을 살려주는 대신 추방하는 거였다. 마음에 들지 않은 남자, 다음에 복수의 칼날을 갈 소지가 다분한 자들은 학살하면서 후환을 없앴다. 그리고 (결코 자발적이 아닌?) 강간도 일삼았으며, 이단이자 유럽의 영원한 적의 상징, 15세기 이후 건축된 이슬람사원을 대부분 파괴했다.

모스타르 인구가 절반으로 줄어들면서 고요가 찾아왔다. 고요가 쌓였다. 어제까지만 해도 함께 차를 나누던 이웃의 주검 앞에 아무도 책임지는 이는커녕 승리자, 혹은 살아남은 자의 슬픔을 품은 현장이다.

다리 양쪽에는 무슬림이 화약고로 이용했던 탑이 있으며, 이슬람 거리 쪽으로 다리를 건너 만나는 박물관은 옛날 모스크였다. 박물관 내에는 현존하는 것 중 가장 오래된(정말인지 정녕 알 수 없지만) '코란'이 전시되어 있다.

이곳에서 크로아티아계 게릴라 부대장으로 5년간 복무한 요시프 오다크의 증언이다.

"전쟁은 우리가 원한 게 아니었지요. 적이었지만, 원수도 아니었지요. 수백 년을 같은 땅에 살아온 이웃끼리 피를 흘린 겁니다. 그래서 저는 늘 부대원들에게 당부했어요. 기도하자고요. 약탈하지 말고, 성폭행도 하지 말고, 가톨릭교도로서 살아가라고 주문했어요. 평생 갈 전쟁은 아니니까, 힘을 내자고 격려했어요. 인종청소까지 당하는 극한 상황에서 벌레처럼 살았지만, 인간의 고귀함을 더 간절하게 체감했습니다."

2016년 5월 29일 자[1366호] 가톨릭평화신문에 난 글을 다듬었다. 필자는 언어의 유희를 보았다. 종교적 믿음의 아집과 변명을 거름망 없이 들었다. 죽이면서 기도하자고? 십자가를 조준경에 달고 조금이라도 움직이는 것이 있다면 가차 없이 방아쇠를 당겼다. 어린아이조차 벌레 짓이기듯 죽이면서 인간의 고귀함을 간절하게 체감했다고 한다. 물론 어쩔 수 없이 전투에 임해야 할 때도 있다. 하지만 정녕 그길 뿐이었을까. 크로아티아 민족주의 발원에 기꺼이 동참하면서 살육의 대열에 당당하게 발을 내디디며 나로 인해 죽음의 길로 걷는 자를 위해, 이단의 목숨을 위해 기도했다고 자위했다.

△ 모스타르 전쟁 당시 치열했던 건물잔해가 여전히 발길을 잡는다. 모스타르 인구가 절반으로 줄어들면서 고요가 찾아왔다. 고요가 쌓이면 아픈 수다가 된다. 어제까지만 해도 함께 차를 나누던 이웃의 주검 앞에 아무도 책임지는 이는커녕 승리자, 혹은 살아남은 자의 추억거리 현장이었다.

보스니아 전쟁에서 크로아티아의 이중적 행태가 고스란히 드러났다. 보스니아 내 이슬람인 학살이라는 인종청소 뒤에 비록 세르비아 밀로셰비치보다는 늦지만, 이를 벤치마킹한 투지만 크로아티아 대통령의 전격적인 지원이 뒤따랐다.

투지만은 1991년 3월 세르비아 밀로셰비치 대통령과 비밀회담을 가져 '카라조르제보 조약'을 맺는다. 조약의 핵심 내용은 '보스니아–헤르체고비나의 분할'이라는 내용에서 보듯 이미 양국은 보스니아–헤르체고비나를 갈라서 나누어 먹기로 약속을 했던 바다. 1905년 7월 미국과 일본의 '가쓰라–데프트 밀약'에서 조선과 필리핀을 두고 서로 식민지로 인정하듯, 그리고 2차 세계대전에서 일본이 패망하자 '얄타회담'에서 미국과 소련이 한반도를 양분하기로 약속했듯 보스니아 운명은 양국의 뜻에 따라 결정되고 말았다. 이처럼 이들 두 대통령의 밀약에 의해 정해진 수순이었다. 약소국 운명은 강대국 이해에 달렸다. 지금도 변함없이….

역사의 현장
헝가리 부다페스트

역사의 현장이란 시대를 뛰어넘어야 하는 까닭에 깊이를 가늠하기에는 한계가 존재한다. 상상의 타임머신을 타고 거슬러 올랐다고 해도 현장에서 온전한 시대인이 되지 않은 이상 사실에 덧댄 감성은 사치일 수 있다.

지금은 세르비아 땅인 노비사드에서 기차를 타고 헝가리 부다페스트에 도착했다. 헝가리 역사를 알면 우습고도 슬픈, 요샛말로 웃프다. 9세기 후반 동로마, 즉 비잔티움제국 레오 6세 권력을 등에 업은 장군 스틸리아누스는 심복에게 이웃 불가리아와의 무역 독점권을 쥐여 준다. 그러자 이곳을 이용하는 상인들의 불만을 샀고, 이익 창출이 최대의 목적인 상인들은 화물의 집산지를 테살로니키로 옮겨간다. 졸지에 콘스탄티노플은 허울뿐인 상업도시로 전락하자, 흑해를 시작으로 포스포루스해협, 황금곶에 이르는 해상로가 붕괴되면서 유통의 단맛에 취해있던 불가리아로선 여간 불만이 아니었다. 비잔티움에 강력하게 항의해보았으나 이미 황제는 스틸리아누스를 신뢰했던 터라 꿈쩍하지 않았다.

불가리아 왕 시메온은 결단을 내린다. 비잔티움과의 관계 개선을 위해 개종改宗까지 불사했던 그였지만 배신감이 몰려들었다. 트리키아 공격을 시작으로 비잔티움과 거침없이 일전에 돌입했다. 화들짝 놀란 레오 6세는 이탈리아에 주둔하고 있던 니케로푸스 장군을 불렀다. 이와 동시에 제국의 북쪽과 경계를 하는 마자르족에게 원군을 요청했다. 전쟁에 야만족을 끌어들이는 것을 안 불가리아 시메온은 허를 차면서도 허를 찌른다. 마자르족 후방 남러시아 평원에 터를 잡은 유목민 페체네그족을 황금으로 유혹해 전쟁에 끌어들였다. 페체네그족과 마자르족이 서로 이웃하고 있어 사이가 좋을 리 없었다. 페체네그족이 마자르족 후방을 치자 가족의 안위가 걱정이던 마자르족 군사는 서둘러 고향으로 향했다. 그러나 이마저도 쉽지 않았다. 페체네그족이 길목을 막고 기다리고 있었다. 오도 가도 못한 채 사면초가에 몰렸다. 뒤에는 불가리아 왕 시메온이 빠른 속도로 달려오고 있었다. 궁여지책 목숨을 부지하기 위해서 서쪽의 판노니아 평원(헝가리 평야)으로 말머리를 돌려야 했다. 더 갈 곳이 없어진 이들은 지금의 헝가리 땅이 되는 그곳에서 정착을 선택했고, 지금은 그들이 고향이 되어버렸다.

헝가리는 신성로마와 오스트리아의 손아귀에서 벗어나지 못했다. 스스로 아래를 자처하기도 했고, 독립운동의 기치 아래 당당하게 항거도 했다. 오스트리아가 제국의 명맥을 유지하기 위해 폭력과 위협을 동반한 흥정, 즉 헝가리에 자치권을 부여하자 그것에 만족했던 상층부의 판단과 얄팍한 기득권을 유지하기 위한 지속적인 애착이 결정적이었다.

△ 성 이슈트반 대성당

그렇지만 20세기에 들어서면서 동유럽에서 최초 제국주의 타파를 부르짖으며 독립국 건설을 향한 열정은 여느 나라 못지않았다. 합스부르크 왕가 오스트리아 제국에 편입된 현실은 헝가리 민족주의자들에게 자조 섞인 비판을 불렀다. 그러나 헝가리인은 크로아티아와 세르비아의 보이보디나 등 발칸 북부지역 지배특권을 누리면서도 발칸반도 민족을 변방의 야만이라 무시했던 아이러니는 여전히 웃프다.

페스트 지역의 '성 이슈트반 대성당' 외벽, 헝가리를 거쳐 간 성직자 조각상이 시선을 끈다. 중앙에 아치형 돔을 이루고 양쪽에 시계가 붙은 첨탑을 달았다. 가운데 삼각의 공간에 아기 예수를 안고 있는 마리아와 양쪽에 그를 협시하는 왕과 기사들이 무릎을 꿇었다.

헝가리 수도 부다페스트에 가톨릭의 상징적 성당인 만큼 내부 또한 화려함의 극치를 이룬다. 50년에 걸친 대공사였다니 부디 하층민의 피와 땀, 전쟁 노예의 채찍이 아니라 정당한 노동의 대가를 당당히 치르고 건설되었으면 했다. 빛과 색의 조화, 그에 인간의 예술적 손길이 진가를 발휘하는 스테인드글라스가 눈을 호사시킨다. 환상적이며 몽환적인, 종교에 대한 이상적인 가치를 작품으로 연계했다. 신의 존재여부를 알 리 없는 이방인의 미적 감각에만 의존하며 숙연하고도 엄숙한 발걸음으로 향유한다.

아치형 돔을 통한 빛줄기가 신을 향한 찬사로 이어

지고, 예수 부활을 알리는 성화, 두광과 신광의 화려함의 극치, 날개 달린 천사의 합창이 들리는 듯하고, 형형색색을 압도하고도 남을 금색의 질서가 이보다 더 이상적 세상은 없다는 것을 속속들이 설명한다. 재단을 향한 인간들의 뒷모습에 보이지 않은 희망이 걸망처럼 절박하게 걸려 있다. 은총을 향한 이들의 어깨에 나의 소망까지 슬쩍 올려버린다. 엄숙하다 못해 숨이 막힐 지경이다.

빈틈없이 성화를 메운다는 것은 인간을 향한 가르침이다. 어느 종교든 비슷한 경우다. 빈틈을 허용하지 않는 완벽한 세상, 부처님 세상도 그림의 소재와 방식을 달리할 뿐 매우 비슷하다. 천장에 꽃비가 내리고, 극락조가 춤을 추고, 가릉빈가가 노래하는 도솔천의 세상은 바로 이러하다며, 그런데도 죄를 짓고 믿음을 저버릴 것이냐며 질타하는 절집 대웅전 안과 같음을 느꼈다.

예수가 십자가에 못 박힌 그림은 차라리 눈을 감고 싶은 심정이었다. 이방인을 위한 지독한 선교이자 설교였다.

부다왕궁과 어부의 요새

△ 겔레르트 언덕에서 본 도나우강과 부다페스트

부다와 페스트를 가로지르며 멋진 풍경을 가감 없이 드러내는 도나우강의 빼어난 물길을 만끽한다. 부다 지역, 그 옛날 왕궁이 자리한 겔레르트 언덕을 오르면 시원한 눈맛에 상큼한 바람은 덤이다. 역시 눈은 새로운 것에 반응하는 속도가 빛보다 빠르다. 도나우강이 도심을 흐르고, 옛날과 현재가 교차하면서 국회의사당 건물이 웅장한 기세로 주변을 압도한다. 건물들 사이에 우뚝 솟은 성 이슈트반 대성당의 고풍스러움이 도시의 전체 이미지를 선도하고 있다. 도나우강을 경계로 이쪽과 저쪽을 이어주는 다리가 소통하고, 관광객을 실은 배들이 유유히 강을 떠다닌다. 이방인을 향한 생소한 시선이 부담될 즈음에 높은 곳을 향해 길을 잡는다.

정상 시타델러에 2차 세계대전 당시 소련군이 나치를 몰아내면서 기념한 40여 미터의 자유여신상에 압도당하고, 종려나무를 펼쳐 든 소녀의 표정은 구름이 하늘을 가려 도무지 알 수 없다. '마침내 소련이 승리했다'란 뜻이다. 오욕이 점철된 역사의 흉물을 철거에 대한 여론도 무시할 수 없었으나 미래를 위한 교훈으로 삼으려는 상징으로 남겨 두었다고 한다. 취임하자마자 첫째로 행했던 일이 조선총독부 건물 철거였던 대통령도 있다. 텔레비전 생중계를 통해 똑똑히 지켜보면서 허전한 감이 들었던 까닭을 알 듯도 하다.

'부다왕궁'이 물길을 바라보는 위치에서 굽어보고 있다. 이곳에도 몽골의 힘이 닿았다. 몽골의 파죽지세에 이곳까지 물러나 부다언덕 최고 높은 곳에 왕궁을 지은 벨라 4세의 심정을 어찌 상상이나 할 수 있을까. 훗날 르네상스의 물결을 타고 변화를 거듭하면서 지금은 예술의 전당으로, 문화의 갈증 해소를 위한 장소로 거듭났다. 역사박물관에서 무지로 답답했던 가슴, 국립미술관 특별전을 관람하기 위한 인간 띠를 보며 찬사를 아끼지 않았다. 그들의 표정들은 그저 평온함만이 흐르는 도나우강 물결을 닮았다.

왕궁을 등에 두고 아래를 굽어보는 눈맛은 무엇과도 바꿀 수 없는 광경이다. 전망대를 겸한 다리에서 만난 그림쟁이와 나눈 시선은 그는 나를 갈망하고 나는 그를 갈망했다. 잊었던 옛 추억의 꿈이 되살아나 파편이 되어 속을 찌르고 있었다. 예술을 향한 낡고 평의한 작품이 오히려 촌놈이란 현실을 각인시키자 단호히 짝짝 찢어버린 해묵은 꿈이었다. 그러나 여전히 종이와 펜이 만나 사각사각 나누는 대화가 그립다. 하얀 종이 위의 각각의 군상과 표정들, 미야자끼 하야오의 '하울의 움직이는 성'을 닮은 마차, 패잔병을 실어 날랐을 법한 낡은 트럭이라는 소재에 예술로 재창조하는 작업이 부럽다. 삶이 그대로의 예술이 되는 삶이다.

고개를 돌리면 형형색색의 지붕을 한 '마차슈 성당'이 온전히 시야에 들어온다. 이 성당 역시 헝가리와 함께 격동의 세월을 견디면서 변화와 질곡을 겪는다. 이슬람 모스크로 변모되고, 세계대전의 상처도 입었지만, 그가 들어선 위치와 수직과 직선, 첨탑의 조화는 13세기 고딕양식을 잘 나타내고 있다. 작은 미니어처라도 소유하고픈 저잣거리 속된 생각에 피식 웃었다. 인간은 존재보다 소유에 관심이 많다는 정설을 스스로 확인했다.

'어부의 요새' 건물이 디즈니만화 속 그림을 닮았다. 11~12세기 둥근 아치가 주 모티브인 로마 건축에서 파생된 로마네스크와 18세기 불규칙한 시골풍의 정서적인 모티브를 가미해 디자인으로 승화한 네오고딕 양식과 어우러진 조화의 극치다. 최소한의 색상, 잿빛 대리석과 때마침 잿빛 하늘이 주는 그레이 발란서, 동화 나라의 공주가 사뿐사뿐 걸어와 손짓할 것만 같은 상상력을 배가하는 건물의 매력은 인파로 들끓게 한다.

늘 공격에 무방비로 노출된 터인지라 이곳 역시 방어의 기능을 충실하게 따른 건축물이다. 도나우강을 건너 부다왕궁으로 공격하는 적을 방어하기 위해 어부들이 나선 까닭에 이름조차 '어부의 요새'다. 요새를 이토록 아름답게 올렸다는 것에 의문과 놀라움을 동시에 갖는다.

그리고 도나우강을 낀 야경의 황홀한 느낌은 세 치 혀로 나불거린다는 것이 웃기는 일이라 접는다. 인간이 어둠을 이겨내고자 창조한 빛의 존재, 어둠이란 존재의 본질인 불안을 이겨내라고 휘황찬란하게 응원하고 있었다. 그 속으로의 함몰은 어둠에 대한 예의다.

△ 어부의 요새. 로마네스크와 18세기 불규칙한 시골풍의 정서적인 모티브를 가미해 디자인으로 승화한 네오고딕 양식과 어우러진 조화의 극치라는데
그런데 왜 녹기 시작 하는 아이스크림이 떠오를까

합스부르크왕가 오스트리아 빈

'빈의 혼'으로 상징되는 '슈테판 대성당'의 압도적 위용도 아픔을 숨기고 있다. 대화재에 이은 이슬람 군대에 의한 참사, 2차 대전 당시 독일군에 의한 파괴로 이어지면서 복구의 노력에도 불구하고 여전히 잔존한다.
성당 지하에 카타콤이란 유골안치소에 페스트에 희생당한 유골 대략 2,000구와 합스부르크 왕가 유해 일부가 쌓여 있다고 한다. 늘 신과 함께 하는 영혼 불멸의 내세 현장이다. 그곳은 천국일까?

오스트리아 빈에서 만난 인연은 이방인을 놀랍게 했다. 그토록 동경했던 구스타프 클림트를 보았다. 이 하나로 빈에서의 스스로 존재는 차고도 넘쳤다. '벨베데레 궁전'에서의 환상적인 조우는 긴 여정이란 현실을 잊게 했다. 이곳 궁전에 대한 사전 지식을 쌓지 않은 채로 받은 선물은 상상 이상이었다. 그러나 위로 갈수록 더한 것이 기다리고 있었다. 에곤 쉴레, 화사한 금박이 장식된 클림트보다 그로데스크한 쉴레는 역으로 스승에게 영향을 준 인물이다. '죽음과 소녀' 색상과 붓칠, 표정…, 암울함은 괴기한 기운과 죽음의 본질을 느끼게 했다.

프랑스 베르사유 궁전의 정원을 닮은 '벨베데레 궁전'은 훗날 세계 제1차 대전의 빌미를 제공했던 오스트리아 황태자 프란츠 페르디난트가 살았던 곳이기도 했다. 내 짝사랑 찰리 채플린이 "인간이란 멀리서 보면 우습고, 조금 가까이서 보면 슬프다"고 했다. 황태자가 죽음을 부르는 판단을 내린 것에 생각난 구절이다. 폭탄이 터지면서 자신을 경호하던 군인들이 다쳐 병원으로 이송된다. 황태자는 일정을 소화하다 그들을 병문안가기 위해 동선을 바꾸면서 죽음에 이르고 만다.

'빈의 혼'으로 상징되는 '슈테판대성당'의 압도적 위용도 아픔을 숨기고 있다. 대화재에 이은 이슬람 군대에 의한 참사, 2차 대전 당시 독일군에 의한 파괴로 이어지면서 복구의 노력에도 불구하고 여전히 잔존한다. 성당 지하에 카타콤이란 유골안치소에 페스트에 희생당한 유골 대략 2,000구와 합스부르크 왕가 유해 일부가 쌓여 있다고 한다. 늘 신과 함께 하는 영혼 불멸의 내세 현장인 샘이다.

만약 이곳 빈이 쉴레이만 1세에 의해 점령당했다면

서구의 역사는 어찌 변했을까. 이후로도 도합 세 번의 원정에도 이들은 자신들의 고향을 지켜냈다. 마지막 1678년, 세 번째, 헝가리 개신교들이 반란을 일으켜 오스트리아에 대항했다. 그러나 가톨릭의 수호자를 자처한 합스부르크왕가의 가혹한 탄압이 돌아오자, 이슬람제국에 도움을 요청했다. 성벽이 견고했던 터라 빈을 포위한 채 장기전에 돌입하면서 가톨릭국가들의 원군이 오스만제국군 후방에 도착했다. 카푸친 소속의 수도사가 포위망을 뚫고 빈으로 잠입해 공격을 맞춘 덕에 도나우강이 훤히 내려다보이는 칼렘베르크전투에서 승리함으로써 지금의 빈이 존재하는 까닭이다. 슈테판대성당이 당시 사령부였다고 하니 존재의 가치가 한층 높아 보인다.

'쉰 부른 궁전'의 화려함과 장엄한, '호프부르크 왕궁'이 가진 합스부르크왕가의 650년 내력의 속살, '빈 국립 오페라하우스'에서의 공연을 감상하는 행운까지 겹치면 빈의 답사가 완성된다. 이방인은 해묵은 성도 좋고, 아름다운 정원과 걸작의 예술품을 만나는 것도 좋지만, 일상을 살아가는 인간 삶을 넉넉히 보고 싶었다. 지금 만나는 그들이 역사의 그들과 진배없다고 생각하기 때문이다. 우주의 한 귀퉁이에서 가장 아쉬운 것은 역시 시간이었다.

기억의 힘

끝나지 않은 전쟁, 미뤄둔 살육이 있다는 듯 유고 내전과 보스니아 전쟁, 그리고 민족을 앞세운 권력욕이 매몰된 인간들에 의해 자행된 코소보 살육의 현장에서 차라리 눈을 감아야 했다. 우리라고 다를까. 대한민국 해방정국과 이승만 대통령의 자유당 정권에서 자행됐던 끝나지 않은, 당대 유명한 오제도吳制道 검사가 기획하고 이승만이 승인한 국민보도연맹사건國民保導聯盟事件에서 죽어간 수만 명의 억울한 주검 앞에 그 누구도, 백주대낮의 세상이 도래했다고 해도 책임지는 이가 없는 세상이다.

그러나 이는 약과였다. 희대의 살육자 김일성이 일으킨 한국전쟁은 여전히 현재진행이다. 이 아름다운 땅에서 다시는 있어서는 안 될 사건이다. 하지만 월남전, 중동전쟁을 넘어 민족분규와 인간 스스로가 인간을 청소한다면 자행한 인종청소가 21세기에도 버젓이 행해지고 있다. 강대국은 이익이 나지 않은 곳에 눈 돌리지 않는 법, 어쩌면 넘치는 순 구제 무기라도 팔아먹으려면 그마저도 부추겨야 하는지도 모른다.

일평생 호의호식하며 몸을 살찌우고 이름 없이 죽어간 인물이 부지기수다. 이나마 다행이라면 너무나 슬픈 일이다. 악에 물들어 추호의 의심도 없이 살육에 앞장선 인물에 비하면 말이다. 그러나 지독한 고독을 이겨내고 내일을 위해 인류의 평화를 밝혔던 역사 속 인물이 주는 메시지는 결국 꿈과 희망을 잃지 말라는 뜻이다. 또한 현실보다 역사에 살아야 한다는 뜻으로 받아들여도 될 듯하다. 조선의 폭군 연산군조차도 "내가 두려워하는 것은 역사뿐이다"했다. 이것이 '기억의 힘'이다.

캄보디아 '붉은 크메르' 폴 포트 악행의 현장
나는 아무 말도 할 수 없었다.
돌아서는 데 원효대사가 생각났다.

유럽의 기원

유럽이란 이름은 기원전 8세기 고대 그리스 서사시인 헤시오도스의 작품에 처음 등장한다. 역사가들은 유럽이란 명칭을 그리스 신화의 에우로페 전설에 기대기도 한다. 재미를 덧댄 신화가 사람들의 상상력을 자극해 흥을 돋우기 때문이었다.

신들의 제왕 제우스가 오늘날 레바논 땅의 페니키아 공주 에우로페의 아름다움에 매혹되면서 신화가 시작된다. 바람둥이 제우스가 변한 황소 등에 올라타고 크레타섬에 납치된 에우로페는 제우스와의 사이에서 세 아들을 낳는다. 그중 한 명이 크레타의 미노스 왕이 된다. 이로써 에우로페가 미노스 왕조의 모후에 등극한다.

이 신화를 토대로 역사가들은 새로운 가설을 하나 세웠다. 서아시아의 거대 권력을 가진 세력들이 식민지를 개척하면서 야만상태의 그리스에 동방 문화를 전해주었다고 주장한다. 문화의 자긍심이 하늘을 찌

△ 에우로페와 황소로 변한 제우스(아테네 고고학박물관)

르는 그리스로서는 말도 안 되는 소리지만, 그리스에 동방으로부터 문화가 유입된 것은 부인할 수 없다. 당시 그리스인은 그들이 사는 곳이 아시아 대륙 끄트머리에 붙은 손바닥만 한 땅이라는 사실을 결코 인지하지 못했다. 최소 기원전 5세기 초 페르시아와의 전쟁을 경험하고 나서야 유럽과 아시아, 즉 해 뜨는 오리엔트의 언어는 물론 문화와 관습적인 면에서 자신들의 세계와 구분할 수 있었다. 그리스 델포이 박물관의 옴파로스가 세계의 배꼽(중심)이라고 흔적을 나타낸 것만 봐도 짐작할 수 있다.

유럽의 뿌리는 로마제국으로부터 출발한다.(그리스 문화와 철학은 나중에 끼워 넣기식으로 이루어졌다) 그렇지만 학자 중 2세기 말 '5현제시대'를 끝으로 진정한 로마제국은 막을 내렸다고 보는 견해가 많다. 왜냐하면 이후에는 정치를 제외하면 경제와 문화의 중심지는 동부 지중해를 중심으로 헬레니즘 세계에서 이루어졌기 때문이다. 더 나아가 이들의 주장대로 로마의 마지막 황제는 마르쿠스 아우렐리우스[4]다.

더 넓게 보면 훈족의 유럽 침략으로 도미노 현상이 일어나면서 서로마는 해체되지만, 그와 더불어 본격적으로 유럽이 태동하는 시점이 되기도 한다. 훈족에게 쫓겨 로마로 밀려든 게르만족에 의해 유럽은 아이러니하게도 안팎으로 확장되는 계기가 마련된다. 게르만족의 로마 유린은 기존 문화를 파괴하면서 새로운 문화를 창조하는 이중적인 성격을 지녔다. 가톨릭의 교세 확장도 이때 빛을 보았다.

그리스·로마문화는 지금의 유럽인 정신세계에 뿌리 깊게 박혔다. 그만큼 그리스와 로마 문명을 유럽의 역사적 뿌리이자 모태로 여긴다는 뜻이다. 그러나 중세 서유럽을 보면 당시 그리스 문명의 흔적을 찾기란 거의 불가능하다. 서유럽이 동방제국 비잔티움보다 앞서가기 시작된 것은 11세기가 지나고, 가톨릭 수도원에서 보관하고 있던 고대 서적들이 세상에 빛을 보기 시작하면서부터다. 이것이 이슬람을 통해 번역본이 나오면서 서구 유럽 사회는 어떤 학자의 주장처럼 12세기의 르네상스가 찾아왔다.

---

4) 마르쿠스 아우렐리우스 : 로마 제국의 제16대 황제(재위 : 121. 4. 26.~180. 3. 17.). 5현제 중 한 사람. '철인황제哲人皇帝'로 불린다.

그리스 철학적 사유의 시점인 아리스토텔레스가 유럽에 소개된 것도 12세기가 도래하면서부터였다. 아랍인 철학자 이븐루슈드(아베로스)가 아랍어로 쓴 책이 당시 에스파냐를 통해 서유럽 수도사들에게 전해지면서다. 당시 서유럽의 수도사들은 처음 대하는 아리스토텔레스라는 생소한 인물에 대해 궁금해하면서 조금씩 플라톤과 소크라테스를 알아가기 시작했다.

그러나 비잔티움제국은 서로마와 달리 이미 그리스 문명을 이어받았고 언어 역시 그리스어를 공용어로 사용하고 있었다. 아이러니하게도 서유럽은 동로마, 즉 비잔티움제국의 콘스탄티노플이 오스만 튀르크의 메메트 2세에게 점령당하면서 본격적으로 지식사회가 형성된다. 당시 서로마는 일부 성직자를 제외하고 거의 문맹 사회와도 같았다. 오스만 튀르크를 피해 서로마에 비잔티움제국의 지식인들이 몰려들면서 의술, 문학, 그리고 과학이 함께 들어왔다. 막연하게 신의 뜻이라고만 생각했던 것들을 일시에 불식시키는 현상이 곳곳에서 벌어지기 시작했다.

그로부터 인쇄술의 발달과 훗날 거부할 수 없는 르네상스의 물결, 종교개혁으로 이어졌고, 프랑스혁명을 경험한 뒤 19세기에 오면서 현재 유럽인들 동질성의 개념이 명확하게 자리 잡는다.

아시아와 접경지대로 완충 역할을 충실히(사실은

의도하진 않았지만 하루하루 피말리는 방어) 해내면서 페르시아, 이슬람 등 아시아 국가들로부터 가톨릭의 수호자 역할을 충실히 해낸 상처투성이의 비잔티움제국 덕을 톡톡히 본 셈이다.

비잔티움제국은 단 하루도 잠잠할 날 없이 새로운 것과 마주해야 하는 지리적 요건을 갖추고 있었다. 그들이 보존하며 간직하고 있던 문화와 지식을 멸망과 함께 서방세계로 전해주었다.

샤를마뉴. 로마는 일부 성직자를 제외하고 거의 문맹 사회와도 같았다. 유럽 3대 정복자로 손꼽는 프랑크제국의 카롤루스 대제(Carolus Magnus)조차도 글을 읽을 줄 몰랐다는 것은 그만큼 문맹이 보편화되었다는 뜻이다. 그래선지 학교를 많이 세웠다. 대신 엄청나게 사람을 저승으로 보냈다.

텐샨산맥 넘어. 구름을 몰아 달리는 사나이
참 부러워했던 기억
백마를 타고 초원을 바람처럼 달리다 앞에서 폼을 잡아준다.
전생에 어떤 복을 지었기에…
그런데 얼굴을 보고 다행이라 생각했다.

인생은 멀리서 보면 우습고, 가까이서 보면 조금 슬프다

— 찰리 채플린